Ein Amerikaner in Tokio

Dave Barry

Ein Amerikaner in Tokio

Die volle Wahrheit über Japan

Aus dem Amerikanischen
von Carola Niemann

Eichborn.

Titel der Originalausgabe: DAVE BARRY DOES JAPAN

Die Deutsche Bibliothek — CIP-Einheitsaufnahme

Barry, Dave:
Ein Amerikaner in Tokio : die volle Wahrheit über Japan / Dave Barry. Aus dem Amerikan. von Carola Niemann. — Frankfurt am Main: Eichborn, 1993
Einheitssacht.: Dave Barry does Japan <dt.>
ISBN 3-8218-0320-7

Umschlaggestaltung: Rüdiger Morgenweck.
Lektorat: Doris Engelke/Gitta Mordiek.
Satz: Fuldaer Verlagsanstalt GmbH, Fulda.
Druck und Bindung: Wiener Verlag, Himberg.
ISBN 3-8218-0320-7

Verlagsverzeichnis schickt gern:
Eichborn Verlag, Kaiserstraße 66, D-60329 Frankfurt

DANKSAGUNG

Es gibt viele Menschen, ohne deren Hilfe dieses Buch nicht zustande gekommen wäre, aber ich hoffe, Sie nehmen es ihnen nicht übel. Es sind durchweg anständige Menschen, die keine Ahnung davon hatten, wie dieses Buch werden würde.

Mein Dank gilt T. R. Reid von der *Washington Post*, einem hervorragenden Journalisten, der mir viel Zeit opferte und Wissenswertes mitteilte. Von ihm lernte ich, was »einen Home-Run landen« auf japanisch heißt; einen solchen Gefallen vergißt man nicht so schnell. Ich danke auch Toms Kollegen Paul Blustein, der mit großem journalistischem Mut eine Ausweisung riskierte, als er in Tokio in einer *Karaoke*-Bar mit mir auf die Bühne ging und »My boyfriend's back« sang.

Ich danke Hiroshi Ishikawa vom japanischen Pressezentrum dafür, daß er meinen Besuch ernst nahm, auch nachdem er gesehen hatte, welche Art von Büchern ich schreibe. Ohne ihn würde ich noch immer hilflos in Tokio herumirren und mein Hotel suchen. Er ist ein ehrenwerter Mann mit viel Humor und eine Zierde für sein Land. Außerdem möchte ich zwei hervorragenden Dolmetschern/Reiseleitern danken: Itsuko Sakai, die die fast unlösbare Aufgabe übernahm, japanische Komödien zu übersetzen, und Kunio Kadowaki, ein weiser und ruhiger Mann, der das Leben erforscht.

Mein Dank gilt weiterhin meinem Agenten Al Hart und meinem Herausgeber bei Random House, Sam Vaughan. Diese Männer haben schon viele literarische Projekte betreut, und ich würde sie als verständige und grauhaarige alte Hasen beschreiben, obwohl ich nicht die leiseste Ahnung davon habe, wie grauhaarige alte Hasen aussehen. Sie hatten eigentlich die Idee zu diesem Buch: Sie meinten, es sei an der Zeit, daß ich mal aus meinem Büro herauskäme. Dafür richtete mir Sam ein großzügiges Spesenkonto ein, und Al gab mir seinen Talisman mit auf die Reise. Beides war außerordentlich hilfreich, obwohl ich das Spesenkonto über Gebühr beanspruchen mußte.

Besonderen Dank schulde ich schließlich meiner Frau Beth, einer hervorragenden Reporterin, die für alle in diesem Buch genannten Fakten verantwortlich ist; und meinem Sohn Robby, der diesem Buch das größte Opfer brachte: *volle drei Wochen* ohne echte Pizza.

INHALT

EINLEITUNG

Der Hintergrund dieses Buches: Gewalt im Fernsehen

Meine ersten Eindrücke über Japaner stammen aus Fernsehfilmen, in denen diese als grausame Verrückte agierten. Das war 1953, als ich sechs Jahre alt war und wir unseren ersten Fernsehapparat bekamen, eines dieser komischen alten Geräte mit einem winzigen Fernsehschirm in einem Holzschrank, so groß wie Lincolns Geburtshaus. Viele der Filme, die ich mir auf diesem kleinen Fernsehschirm ansah, handelten von grausamen Verrückten. Dieser wichtige frühe Unterricht, den ich durch das Fernsehen erhielt, könnte wie folgt zusammengefaßt werden: »Vorsicht – die Welt ist voll von Menschen, die dich umbringen wollen!«[1] In den Western wimmelte es zum Beispiel von miesen Kerlen mit Bartstoppeln, die einfach nur durch die Gegend galoppierten und auf Menschen schossen. Der normale Cowboyheld, wie Gene Autry oder Cisco Kid, konnte keine zwanzig Meter auf seinem Pferd reiten, ohne hinterhältig von miesen Typen überfallen zu werden, die Pistolen hatten, aus denen sie ohne Nachladen 17 Millionen Schüsse abfeuern konnten.

Diese miesen Typen hatten zum Glück die taktische Intelligenz eines Waffeleisens, so daß der Held sie überlisten konnte, indem er hinter einem Felsen untertauchte und seinen Hut auf einem Stock hoch-

1 Das stimmte wahrscheinlich auch.

hielt. Die miesen Typen – sie fielen immer wieder auf den Trick herein – wurden überlistet, dachten, daß in dem Hut tatsächlich der Kopf des guten Kerls steckte, und feuerten sämtliche 17 Millionen Kugeln ab, die allesamt mit einem lauten *zischzisch* an dem Felsen abprallten. (Die geologische Erosion ist unbedeutend: In den Western ist die Landschaft vor allen Dingen deshalb zerklüftet, weil diese miesen Typen so viele Kugeln auf Felsen abfeuerten.)

Sogar im Weltraum gab es Verrückte. Das erfuhr ich aus der Fernsehserie *Captain Video,* in der ein Mann mit dem seltsamen Namen Captain Video die Hauptrolle spielte: ein Pionier im Weltraum, der die Verantwortung für ein spärlich ausgestattetes Raumschiff trug, das offenbar aus dem gebaut wurde, was in Fernsehstudios so herumliegt. Das Gerät, das er zum Beispiel für die Kommunikation mit der Erde benutzte, war deutlich erkennbar ein normales Telefon; Captain Video hielt den Hörer wie ein Mikrofon und sprach in das falsche Ende.

Während Captain Video im Weltraum Pionierarbeit leistete, kreuzten immer wieder furchteinflößende außerirdische Wesen mit russischem Akzent auf. In meiner Lieblingsfolge erfand ein Außerirdischer einen Roboter mit dem Namen – Vorsicht, seien Sie auf einen hochintelligenten Roboternamen gefaßt – Tobor, der mit Küchenfolie umwickelte Kartons trug und einem Menschen ähnlich sah. In der dramatischen Schlußszene befiehlt ihm der Schurke, Captain Video zu töten.

»Greif an!« sagt der Schurke, und Tobor schleppt sich auf Captain Video zu. Die Sache sieht ziemlich schlecht aus, aber plötzlich, im letzten Moment, als Tobor nur noch ein paar Zentimeter entfernt ist, hat

Captain Video eine Idee — eine verrückte Idee, aber eine, die *funktionieren könnte.*

»Geh zurück, Tobor!« sagt er.

Und Tobor, der offenbar nicht die Schule für hochbegabte Roboter besucht hat, *dreht sich um* und schleppt sich auf den Schurken zu.

»Greif an, Tobor!« befiehlt ihm der Schurke, und Tobor geht wieder in die entgegengesetzte Richtung.

»Geh zurück, Tobor!« sagt der Captain, der wahrscheinlich die ganze Nacht lang seinen Text auswendig gelernt hat.

Den größten Teil dieser Folge verbringt Tobor damit, vor- und zurückzulaufen, bis er schließlich zusammenbricht und die Gefahr gebannt ist, denn jeder weiß, wie schwer es ist, einen Roboter im Weltraum zu reparieren.

Aber die wahnsinnigsten Verrückten, die es im Fernsehen gab, waren die japanischen Soldaten in Filmen über den Zweiten Weltkrieg. Die deutschen Soldaten waren auch grausam, aber sie waren nicht *wahnsinnig.*

Die Japaner jedoch — sehr einfühlsam immer als »Japsen« bezeichnet — hatten vollkommen den Verstand verloren. Sie zerschmetterten Flugzeuge über ihren Gegnern, sprangen von Palmen auf sie herunter und umzingelten sie in der Regel wie riesige, selbstmörderische, kreischende, schwerterschwingende, spuckende Insekten. Vollkommen durchgedrehte Wahnmobile.

Man wußte vorher schon, wann die Japaner auftauchen würden, weil Blechinstrumente sie immer mit einem ominösen, orientalisch klingenden Ton ankündigten.

Wenn eine Gruppe nervöser, aber dennoch tapferer und vor Witz sprühender amerikanischer GIs durch den Dschungel marschierte, ertönte plötzlich ein

GOOOOOOOOOOOONG

und sofort war klar, daß in den Bäumen Japaner sitzen und darauf warten zuzuschlagen.

Oder ein Schiff der amerikanischen Marine fährt über das Meer, und der Wachposten sieht in den Feldstecher und

GOOOOOOOOOOOONG

da taucht ein japanischer Zerstörer auf. Die Japaner haben wohl in erster Linie den Krieg deswegen verloren, weil der Gong immer wieder ihre Position verriet.

Aber sie gaben nie auf. Sie kämpften wie besessen und schreckten vor nichts zurück; sie lockten die Amerikaner sogar auf unsportliche Weise (*»Hey! GI Joe!«*) aus ihren Verstecken im Dschungel hervor. Wenn sie einen unserer Jungs gefangennahmen, stellte sich immer wieder heraus, daß ihr Anführer eine gute amerikanische Ausbildung genossen hatte, die er dann — sehr undankbar — gegen uns einsetzte. (*»Amelikanel! Wo liegt Ihl Hauptqualtiel? Ich sehe, Sie sind übellascht, daß ich so gut Englisch spleche.«*)

Mein erster Eindruck von den Japanern war also nicht besonders günstig. Zum Glück erweiterte ich meinen intellektuellen Horizont mit zunehmendem Alter und bezog Informationen über die Außenwelt nicht mehr ausschließlich aus dem Fernsehen; ich hatte auch angefangen, mir im Kino Gruselfilme anzusehen. Durch sie erfuhr ich, daß Japan nicht nur ein seltsames fremdes Land war, das versucht hatte, uns zu vernichten; es war auch ein seltsames fremdes Land, das aus irgendeinem Grund immer wieder von riesigen mutierten Lebewesen angegriffen wurde. Godzilla war natürlich das bekannteste Wesen, aber es gab auch an Unterfunktion der Schilddrüse leidende Flugsaurier, Spinnen usw., die alle regelmäßig torkelnd in Tokio einfielen und alles zu Klump schlugen. Vermutlich wurden diese Vorfälle mit der Zeit so alltäglich, daß sie in die japanischen Wettervorhersagen aufgenommen wurden. (»Heute nachmittag teils wolkig; Wahrscheinlichkeit, daß Tokio von riesigen radioaktiven Würmern dem Erdboden gleichgemacht wird: 60 Prozent.«)

In diesen Filmen gab es immer eine Szene, in der eine Kreatur schwerfällig durch die Straßen stampfte und einen vollbesetzten Schnellzug umstieß. Damals machten die Schnellzüge von Tokio eine schwere Krise durch. Die Menschen kamen zwei Stunden zu spät zur Arbeit und versuchten, ihren Vorgesetzten zu erklären, daß der Zug von einer wütenden Gottesanbeterin von der Größe Belgiens in den Hafen geschleudert worden war, und die Antwort lautete: *»Was, schon wieder?«*

Der einzig andere Kontakt, den ich zu Japan hatte, bestand aus dort hergestellten Waren, meist billigem Spielzeug, das mir mein Vater manchmal mit nach Hause brachte. In der rauhen Umgebung meines Zimmers überlebten sie nicht lange. Ich bekam ein mechanisches Spielzeugauto, das ich auf über 20.000 Umdrehungen hochjagte und dann plötzlich losließ; es schmetterte gegen die Wand und zerfiel — *peng!* — in viele kleine Autoteile. Es wäre vernünftiger gewesen, wenn mein Vater, statt diese Spielsachen mühsam nach Hause zu schleppen, sie noch im Spielwarengeschäft mit einem Hammer zertrümmert hätte.

Automobile: Wir

Damals dachten wir natürlich, daß *alle* japanischen Waren billig seien. Wie konnten die Japaner gute Produkte herstellen, wenn sie soviel Zeit mit der Flucht vor Godzilla vertrödelten? Die Vorstellung, daß die Japaner *richtige* Autos herstellen könnten, wäre lächerlich gewesen. *Richtige* Autos wurden in Amerika gebaut: Fords, Chevys, Plymouths. Große Klötze aus Detroiter Stahl — Autos, die Größe, Gewicht und Fahreigenschaften eines Flugzeugträgers hatten, jedoch mit höherem Benzinverbrauch; Autos mit großen Motoren und riesigen Rücksitzen, auf denen eine Frau ohne unnötige Verrenkungen schwanger werden konnte, und mit großen Uhren am Armaturenbrett, die nie funktionierten. (Ich glaube, daß ein Prüfer am Ende jedes Fließbands Qualitätskontrollen durchführte und, sobald er eine funktionierende Uhr entdeckte, das Auto wieder zurückschickte.)

Damals identifizierten sich ganze Familien mit einer Automarke. Wenn die Eltern zu den Ford-Leuten gehörten, dann kaufte man selbst auch einen Wagen von Ford, und alle paar Jahre wurde der alte Ford für einen neuen in Zahlung gegeben. Es war fast eine Religion. Als ich in den 60er Jahren die Pleasantville High School[2] besuchte, beschäftigte sich eine

---

2 Name der Mannschaft: Die Panther.

große Clique von Highschoolstudenten – die Industriedesign-Studenten, kurz »Hauben« genannt – in der Mittagspause hauptsächlich damit, in engen schwarzen Hochwasserhosen direkt hinter dem Schulgelände in einer Ecke zu stehen, Camel ohne Filter zu rauchen, auf den Boden zu spucken und heiße pubertäre Debatten über das Thema Ford kontra Chevy zu führen:

> Fordtyp: Jedes einzelne (Schimpfwort-)Teil vom 497 mit zweifach überholten geregelten Drosselklappennocken ist besser als der (Schimpfwort-)Chevy.
> Chevytyp: Echt?
> *(Sie kämpfen.)*

Ich glaube nicht, daß es damals tatsächlich große technische Unterschiede zwischen amerikanischen Autos gab. Der größte Unterschied lag im Design. Im erbitterten Kampf um die Herstellung des häßlichsten Autos brachten die Hersteller jedes Jahr ein neues Modell heraus, das sich durch mehr Chrom und größere Heckflossen auszeichnete. Den Kampf gewann Chrysler in den späten 50er Jahren mit einem Modell, das mit seinen großen Heckflossen eine Bedrohung für die kommerzielle Luftfahrt darstellte. Jede einzelne Flosse enthielt genug Metall, um Unterkünfte für alle armen Familien in Mexico City zu bauen. Dieses Auto sah aus wie Captain Videos Raumschiff. Aber es verkaufte sich gut, weil es ein großes, stabiles amerikanisches Auto war und, mein Gott, die Amerikaner konnten Autos bauen.

In den späten 60ern, als ich aufs College ging und mein Freund Buzz Burger sich ein Motorrad von

Honda kaufte, schwante mir zum ersten Mal, daß die Japaner vielleicht in der Lage sein könnten, Fahrzeuge herzustellen, die nicht mechanisch angetrieben werden. Für das Motorrad gab es ein lustiges, unverständliches Reparaturhandbuch, das scheinbar von einem, der nur Swahili sprach, aus dem Japanischen ins Englische übersetzt worden war. Es enthielt Angaben wie:

> Achtung! Um das Massekabel anzuschließen und abzunehmen ohne kluge Halterung, kann eine fatale Eventualität auftreten.

Wir hatten viel mehr Spaß daran, uns aus dem Handbuch laut vorzulesen, als zu studieren. Diese durchgedrehten Japaner! Sie bildeten sich tatsächlich ein, ein Reparaturhandbuch schreiben zu können! Allerdings mußten wir feststellen, daß das Motorrad wirklich *gut* war. Wenn man ein anderes Motorrad, speziell bei kaltem Wetter, starten wollte, mußte man sich mit verschiedenen Schaltern herumärgern und mindestens zwanzig Minuten lang fluchend auf dem Kickstarter herumspringen. Buzz dagegen startete seine Honda, indem er einfach den Schlüssel drehte, einen Schalter herunterdrückte, und *summmm* lief die Maschine ruhig und sanft.

In Ordnung, dachten wir, vielleicht können sie gute Motorräder bauen. Wir hörten auch zunehmend Gutes über Radios, die von einer Firma namens Sony hergestellt wurden. Aber deshalb mußten wir Amerikaner noch lange nicht befürchten, den

GOOOOOOOOOOOONG

verpaßt zu bekommen. Hey! Was war das für ein Geräusch? Wahrscheinlich nichts, glaubten wir. Wir dachten nicht darüber nach; wir standen an der

Spitze der freien Welt und waren damit beschäftigt, eine große Gesellschaft aufzubauen *sowie* einen Krieg gegen Vietnam zu führen, *außerdem* Westeuropa vor der sowjetischen Gefahr zu schützen *sowie* genug Atomwaffen zu bauen, um den gesamten Planeten 173 Mal in die Luft zu jagen, *und darüber hinaus* eine endlose Prozession von Männern mit Spitznamen wie »Doke« auf den Mond zu schicken. Wir hatten nicht die *Zeit,* uns Gedanken darüber zu machen, was Japan vorhatte. Wir waren anderweitig *beschäftigt.*

Automobile: Die da

Dann ging uns in den 70er Jahren plötzlich das Öl aus.[3] Vor den Tankstellen bildeten sich lange Autoschlangen, und drängelte sich jemand vor, wurde er tatsächlich erschossen. Es war eine unheimliche Zeit.[4] Viele Leute spielten mit dem Gedanken, sich kleine, sparsame Autos anzuschaffen. Und raten Sie mal, wer diese baute?

GOOOOOOOOOOOOONG

Richtig. Die durchgedrehten kleinen Ungeheuer stellten jetzt Autos mit so komischen Namen wie Toyota her. Sie *sahen* nicht besonders scharf *aus* – eigentlich eher wie große Ausgaben der mechanischen Spielzeugautos, die ich immer gegen die Wand ge-

---

3 Ich weiß immer noch nicht, wie das passieren konnte. Sie? Vielleicht hatten wir einfach vergessen, Öl nachzubestellen.

4 Im Gegensatz zu heute, wo wir uns gegenseitig wegen Parkplätzen erschießen.

donnert hatte –, aber sie waren nicht schlecht. Sie hatten eine hohe Lebensdauer und waren zuverlässig und billig. Immer mehr Leute kauften sie.

Automobile: Wir

Anfangs lehnte die amerikanische Autoindustrie die Herstellung von kleinen Autos aus ästhetischen Gründen ab: Der Verkauf von kleineren Autos bedeutete weniger Gewinn. Aber als die amerikanischen Autohersteller schließlich den Druck der ausländischen Konkurrenz spürten, entschieden sie: In Ordnung, wir bauen kleine Autos. Aber nicht *irgendwelche*: Nein, sie stellten *wirklich schlechte* Autos her. Dahinter steckte die pfiffige Marktstrategie, daß die Leute diese Autos zuerst kaufen, dann feststellen, wie beschissen sie sind, und wieder auf Flugzeugträger umsteigen. Diese Marktstrategie führte zu der Herstellung des Ford Pinto, des Chevrolet Vega und des Gremlin von American Motors – Autos, die offenbar auf Weihnachtsfeiern von angetrunkenen Botenjungen entworfen und auf Servietten gemalt worden waren; Autos, die oft schon *auf dem Fließband* in ihre Einzelteile zerfielen.

Ich weiß, wovon ich rede. 1971 habe ich einen Vega gekauft, der meiner Ansicht nach vollständig aus zusammengepreßtem Rost hergestellt worden war. Kurz nachdem ich ihn gekauft hatte, bildeten sich kleine Löcher in der Karosserie, die immer größer wurden, bis der Vega wie ein Auto aussah, an dem die Schädlichkeit von Röntgenstrahlen demonstriert werden sollte. Die Karosserie hatte sich zum größten Teil aufgelöst, so daß interessierte Zuschauer das Innenleben untersuchen konnten. Allerdings *besaß* er kaum ein Innenleben. Ich hatte immer wieder Schwierigkeiten mit der Zündung. Wenn ich ihn zum Laufen bringen wollte, blieb mir nichts anderes übrig, als die Haube zu öffnen und mit einem Schraubenschlüssel zwei Metallteile miteinander zu verbinden, was dazu führte, daß die Zündfunken durch den Motorraum schossen und manchmal — aber nicht immer — der Motor tatsächlich ansprang. Ich verbrachte viele Stunden damit, auf Abschleppwagen zu warten, während ich den Rost von den Stoßstangen abpopelte und zuhörte, wie die Einzelteile herunterfielen. Von dem Vega fielen immer Teile ab. Wenn ich auf einem Parkplatz war und mich nicht erinnern konnte, wo ich geparkt hatte, stand ich einfach einen Moment lang still, und — *peng* — hörte ich das vertraute Altlastgeräusch meines Vegas, zum Beispiel den Stoßdämpfer.

Und der Vega war nicht einmal der schlechteste amerikanische Kleinwagen. Der Pinto *explodierte* manchmal. (»Wo haben wir geparkt, Marge?« *BUM*. »Da hinten!«) Solche Autos bot Detroit uns an. Und so kauften wir immer mehr Autos von den Japanern, die mit der Zeit immer weniger komisch aussahen. Die amerikanischen Autohersteller begriffen schließlich, daß sie eine andere Strategie als die der möglichst schlechten Autos entwickeln mußten, um den Kampf zu gewinnen. Sie besannen sich auf den verwegenen, unabhängigen, »Nichts ist unmöglich«-Piniergeist, der Amerika zu einer selbstbewußten Nation gemacht hat, und baten wehleidig die Regierung um Hilfe. Industrielle Vorreiter wie Lee »Airbag« Iacocca behaupteten, daß die Amerikaner zum

Schutz vor der Gefahr der billigen und besseren japanischen Autos dringend Einfuhrbeschränkungen brauchten.

Sonstiges: Die da

Aber es war zu spät. Die amerikanischen Verbraucher hatten entdeckt, daß ihnen japanische Produkte *wirklich* gefielen. Und nicht nur Autos. Man ging in ein Elektrogeschäft und war

GOOOOOOOOOOOOOONG

umgeben von neuen und erstaunlich raffinierten Geräten, made in Japan, die danach *schrien*, Teil der elektrischen Wohnungsausstattung zu werden. (*»Hey! GI Joe! Dil gefällt Videolecoldel von Mitsubishi?«*)

Außerdem kamen hochwertige Kameras, Skier, Gitarren und Klaviere auf den Markt. Die Japaner sandten Frachtschiffe voller Waren zu uns, und wir schickten ihnen dafür Frachtschiffe voll mit Geld. Und dann fingen sie an, mit dem Geld Dinge zu kaufen, von denen wir bis dahin dachten, daß sie unabänderlich und einzigartig *amerikanisch* seien, wie Hawaii. Das gefiel uns zwar nicht, aber wir kauften weiterhin ihre Produkte. Wir *setzten* mittlerweile einfach *voraus*, daß alles in Japan Hergestellte besser sei.

Natürlich gab es darüber viel Gezeter. Wir fragten uns: Was ist mit uns *geschehen*? Warum können *wir* keine Videorecorder bauen? In den Zeitungen erschienen fast jede Woche Artikel über Untersuchungen, die belegten, daß amerikanische Highschool-Absolventen schlechtere Ergebnisse bei akademischen Standards erzielten als japanische Kinder noch vor ihrer Geburt.

Wir waren erstaunt. Und machten uns Gedanken. Sind wir wirklich *dümmer* als die? Kann es sein, daß wir den kleinen durchgedrehten Banzai-Wahnmobilen unterlegen sind? Schon der Gedanke daran ist für Amerika — lange Zeit Lokomotive dieser Welt — fast unerträglich. Es grenzt an Ironie, daß wir in den langen Jahren des Kalten Krieges, im Kampf um Leben oder Tod, gegen die Rote Gefahr der Sowjetmacht 1991 schließlich den absoluten Sieg errangen, und die einzig übriggebliebene sowjetische Gefahr nur noch darin besteht, unter einer Leninstatue begraben zu werden, die von einer aufgebrachten Menge Litauer in Jeans umgestürzt wird. In dieser Zeit badeten wir weder in Champagner, noch riefen wir »Wir sind die Nummer eins!«, noch feierten wir Straßenfeste, die in Festnahmen und Plünderungen gipfelten. Wir sahen uns um und spekulierten im geheimen: Sind wir wirklich die Nummer eins? *Empfanden* wir uns als die Nummer eins mit unseren miserablen Schulen und verdreckten Städten, unserem Klüngel schmieriger »Politiker« in Washington und einer Flut von jämmerlichen Gerichtsverhandlungen, bei denen vier Anwälte in der Regel einen Menschen verteidigen, und unseren Multitrillionen-Dollar-Waffensystemen, die uns *wovor* schützten? Vor Frachtern, die bis oben voll waren mit einer von Orthopäden aus Connecticut bestellten Unendlichkeit?

Also überlegten wir: Vielleicht sind wir im Grunde doch nicht die Nummer eins? Und wir blickten auf die boomende Wirtschaft, das hohe Bildungsniveau und die niedrige Verbrechensrate der Japaner. In der ganzen Welt tauchten japanische Touristen in Designerklamotten auf, die wir uns nicht leisten konnten, und gaben haufenweise Geld in exklusiven Geschäften aus, in die wir uns nicht einmal hineintrauten. Das *versetzte uns in Wut*. Sie haben den Krieg verloren, richtig? Wir haben das Auto *erfunden*, richtig? Wir sind im Durchschnitt größer als sie, richtig? Was, verdammt nochmal, bilden die sich eigentlich ein?

Oh ja, eine Menge Wut kam auf. Hin und wieder sieht man Fernsehberichte über eine Demonstration amerikanischer Arbeiter, die japanische Radios mit einem Holzhammer zertrümmern und so – mit der Unterstützung von Kongreßabgeordneten – ihren Unwillen gegen japanische Importe bekunden. Das ist natürlich ein äußerst wirkungsvoller Weg, japanische Importe einzudämmen, denn ein japanisches Radio muß erst importiert werden, bevor man es zertrümmern kann. Ein geschäftstüchtiges japanisches Unternehmen macht da drüben wahrscheinlich saftige Gewinne mit dem Verkauf von Radios, die extra für eine dramatische und fotogene Zertrümmerung hergestellt werden. Die Firma liefert gleichzeitig die Holzhämmer und vielleicht sogar auch die Kongreßabgeordneten.

Aber lassen wir den wirtschaftlichen Aspekt beiseite. Tatsache ist, daß eine Menge Feindseligkeit und Mißtrauen auf beiden Seiten herrschten, und mit der wachsenden Macht Japans verschlechterte sich das Verhältnis der beiden Länder. Vor kurzem gab es sogar einen Bestseller mit dem Titel *Der nächste Krieg gegen Japan*, obwohl mir der Gedanke zuwider ist, daß wir so dumm sein könnten, gegen Japan einen Krieg zu führen, denn es besteht immer die schreckliche Gefahr, daß wir wieder gewinnen.

Aber allein die Tatsache, daß wir überhaupt an einen Krieg *denken* können, zeigt, wie schlecht sich die Lage entwickelt hat und wie wichtig es für uns ist, das Verständnis zwischen diesen beiden großen Nationen zu verbessern. Und deshalb habe ich dieses Buch geschrieben: Es soll einen kleinen Beitrag dazu leisten, das Leben auf dieser Welt für alle Menschen und für die nachfolgenden Generationen angenehmer zu gestalten.

Natürlich lüge ich. Ich habe dieses Buch geschrieben, weil ich dachte, eine Reise nach Japan wäre eine recht witzige Sache, vor allem weil Random House sich großzügig zeigte und für alles aufkam. Das war der springende Punkt, denn ich hatte gehört, daß Japan ziemlich teuer ist. Leute, die schon da waren, erzählten Horrorgeschichten: »Frank bestellte in Tokio zwei hartgekochte Eier und die Rechnung belief sich auf 16 500 Dollar zuzüglich 312 Dollar für die Petersilie; ihm blieb nichts anderes übrig, als seine beiden Hornhäute in Zahlung zu geben.«

Im Sommer 1991 packte ich mehrere große Koffer mit Reiseschecks voll und fuhr mit meiner Frau Beth und meinem zehnjährigen Sohn Robert nach Japan. Wir verbrachten drei Wochen damit, stümperhaft, orientierungs- und verständnislos durch die Gegend zu laufen — drei kulturelle Flaschen —, denn es stellte sich heraus, daß Japan ein *extrem* fremdes Land ist, wo man nie weiß, ob auf dem Schild über einer Tür, die man gerade öffnen will,

RESTAURANT
oder
Schnelldienst für Vasektomie

steht.

Das Buch beschreibt diese Reise. Verstehen Sie mich nicht falsch: Ich behaupte nicht, innerhalb von drei Wochen ein Japan-Experte geworden zu sein. Die japanische Kultur ist Tausende von Jahren alt; um die unglaubliche Vielschichtigkeit und die unendlich feinen Unterschiede tatsächlich zu begreifen, braucht man mindestens einen Monat.

Ha ha! Im Ernst, ich weiß nicht, ob ein Außenstehender Japan jemals wirklich begreifen kann, ich weiß nur, daß wir weit davon entfernt waren. War es zuvor mein Hauptanliegen, Dinge wie »die Haltung eines Arbeiters mit Durchschnittseinkommen zu der staatlichen Wirtschaftspolitik« herauszufinden, so wurde das sofort nach meiner Ankunft zu »Eßbares ohne Saugnäpfe« finden und ähnlichem.

Dieses Buch bietet also keine Grundlagenforschung. Wenn Sie sowas suchen, kaufen Sie ein richtiges Buch. Dieses Buch ist lediglich ein höchst subjektiver Reisebericht und schildert viele persönliche Eindrücke, von denen einige vielleicht vom Bier beeinflußt waren, übrigens noch etwas, das in Japan besser ist. Tatsächlich ist bei ihnen etliches besser als bei uns, wobei ich nicht nur von Autos und Radios spreche. Aber ich habe auch entdeckt, daß wir in wichtigen Bereichen ihnen gegenüber einen *Riesenvorsprung* haben, zum Beispiel was Pizzas angeht.

Meine wichtigste Erkenntnis hat allerdings nichts mit Unterschieden zwischen uns und den Japanern zu tun; sie betrifft die Ähnlichkeiten. Trotz der körperlichen und kulturellen Kluft zwischen den Vereinigten Staaten und Japan bestehen beide Gesellschaften letztendlich aus Menschen, und Menschen sind überall – wenn man die oberflächlichen Unterschiede durchschaut – verrückt.

1

JAPANISCH IN NUR FÜNF MINUTEN LERNEN?

Oder: »Sehr guten Morgen, mein Herr!«

Mein Versuch, Japanisch zu lernen, bestand darin, auf dem Flug von San Francisco nach Tokio das Buch *Japanisch auf einen Blick* zu lesen. Diese Methode wird von Fachleuten nicht empfohlen. Fachleute empfehlen, als japanisches Kind geboren zu werden und in einer japanischen Familie in Japan aufzuwachsen.

Aber selbst dann ist es nicht einfach. Japanisch *sprechen* zu lernen ist nicht so schwer[1], aber *lesen* lernen ist irrsinnig kompliziert. Zuerst einmal verwenden die Japaner aus irgendeinem gemeinen Grund *vier verschiedene Systeme,* die häufig vermischt werden, außerdem werden die Schriftzeichen mal senkrecht, dann wird von rechts nach links gelesen und manchmal auch waagerecht angeordnet, in welchem Fall von links nach rechts gelesen wird. (Ich habe einiges davon wahrscheinlich falsch verstanden, aber glauben Sie mir, es gibt keine Möglichkeit, das genau zu wissen.) Manchmal werden die waagerechte und die senkrechte Schreibweise miteinander verbunden und mehrere verschiedene Zeichensysteme verwendet.

---

1 Nicht daß es mir jemals gelungen wäre.

Dieser Teil ist noch zu bewältigen. Der schwierige Aspekt liegt darin, daß die japanische Schreibweise zum Großteil – warum auch nicht? – aus *chinesischen* Zeichen besteht und Wörter statt Laute darstellt. Für jedes Wort benötigt man ein anderes Zeichen; man muß also Abertausende von Zeichen behalten, um auch nur einigermaßen der Sprache mächtig zu sein. Das wäre halb so schlimm, wenn die Zeichen dem, was sie darstellen sollen, ähnlich sähen. Wenn das Zeichen für »Hund« zum Beispiel so aussehen würde:

und »Vogel« folgendermaßen:

und »Politiker« so:

dann könnte man den folgenden einfachen Satz bilden:

Die Bedeutung wäre kinderleicht zu verstehen.[2] Aber die japanischen/chinesischen Zeichen haben keinerlei Ähnlichkeit mit dem Begriff, den sie darstellen. Sie sehen alle ungefähr so aus:

Und *jeder einzelne Strich ist wichtig*. Wenn man eine winzigkleine Linie falsch setzt, kann das die gesamte

2 »Der Vogel lächelte, als der Hund den Politiker verschlang.«

Bedeutung des Schriftzeichens verändern, etwa von »Mann hält Besen« zu »Sex mit Straußen«.

Kein Ausländer kann verstehen, was zum Teufel vor sich geht. Das vor allem scheint Sinn und Zweck der japanischen Schreibweise zu sein. Der einzige Amerikaner, den ich in Japan traf und der chinesische/japanische Zeichen tatsächlich entziffern konnte, war Tom Reid, der für die *Washington Post* arbeitet. Immer wieder versuchte er, mir das System zu erklären. Er schrieb etwas auf, das ungefähr so aussah:

Dann sagte er: »O.K., dieses Zeichen heißt ›mit Ungeziefer verseuchte Bücherei‹. Diese Linie hier« — *er deutete auf eine Linie, die aussah, wie alle anderen* — »sieht aus wie eine Baumwurzel, richtig? Und Bücher sind die Wurzel des Wissens, richtig? Verstanden? Und diese Linie« — *er deutete auf irgendeine andere Linie* — »sieht wie der Schnurrbart einer Ratte aus, richtig? Man erkennt es, richtig? RICHTIG?«

Ich sagte immer ja, als würde ich es tatsächlich erkennen, obwohl ich, ehrlich gesagt, dachte, daß Tom zuviel Zeit mit der Untersuchung von Rattenschnurrbärten verbracht hatte.

Die Schriftsprache zu lernen, versuchte ich also erst gar nicht. Bevor wir rüberfuhren, hatte ich zwar ernsthaft die Absicht, Japanisch sprechen zu lernen, aber weil ich viele andere Dinge für die Reise vorbereiten mußte,[3] bestanden meine einzigen konkreten linguistischen Bemühungen darin, mit meiner Frau und meinem Sohn in das Restaurant *Benihana von Tokio* in Miami essen zu gehen. Wir hofften, vielleicht einige nützliche Redensarten von dem Kellner aufschnappen zu können, der die Steaks vor unseren Augen zubereitete, indem er mit scharfen Küchengeräten gewalttätig über sie herfiel und auf dem Grill hin- und herschleuderte, als befürchtete er, sie könnten wiederauferstehen und die Gäste anfallen. Er entpuppte sich jedoch als Kubaner, und den einzigen japanischen Ausdruck, den er kannte, war der Laut, den man ausstößt, wenn man auf ein potentiell gefährliches Steak einschlägt.[4]

So versuchte ich schließlich, auf dem Flug Japanisch zu lernen. Ich hatte jede Menge Zeit, da der Flug von den Vereinigten Staaten nach Tokio ungefähr so lange dauert wie ein Jurastudium. Aber der Flug in der ersten Klasse der Japan Air Lines ist nicht übel, zumal wenn Random House dafür zahlt, wie es bei uns der Fall war. Falls Sie jemals nach Japan wollen, ist das ganz bestimmt die beste Art. Sagen Sie einfach Ihrem Reisebüro: »Ich würde gern erster Klasse fliegen, und schicken Sie die Rechnung bitte an Random House.« Erwähnen Sie meinen Namen nicht.

Wir sind auch vorher schon lange Strecken geflogen, aber immer nur in der zweiten Klasse – Tausende von Passagieren werden zusammengepfercht,

3 Wie drei Tage lang Reiseschecks unterschreiben.
4 »ARGGHH!«

Oberschenkel an Oberschenkel, mit blauen und blutigen Ellbogen von stundenlangen Zweikämpfen um den Platz auf Armlehnen, die ungefähr so breit sind wie Bleistifte der Nummer zwei; obdachlose Menschen, die in Kofferablagen leben; Stewards und Stewardessen, die eher die Bezeichnung Viehtreiber verdient hätten, bieten verschiedene Gerichte an, Hauptattraktionen sind »Fleisch vom Mars und Pasta aus der Steinzeit«; lange, nur aus dem ehemaligen Ostblock bekannte Schlangen bilden sich vor den drei Toiletten, von denen zwei verstopft sind und in der dritten fehlt das Toilettenpapier, so daß dem Reisenden nichts anderes übrig bleibt, als Artikel des Bordmagazins mit Titeln wie »Vogelbäder in Dänemark« zu benutzen.

Die erste Klasse der Japan Air Lines ist ganz anders. Der Sitz allein ist größer als ein Jumbo-Jet und kann in ein Bett verwandelt werden, und während man darauf liegt und sich mindestens so degeneriert vorkommt wie ein römischer Kaiser, schwirren ständig Stewards und Stewardessen herum – es scheinen mindestens fünfzehn zu sein – und bewirten einen mit köstlichen Gerichten, Wein, Käse, Nachspeisen, noch mehr Wein, noch mehr Essen, noch mehr Käse, noch mehr Nachspeise, noch mehr Wein, bis das Körpergewicht ungefähr ein Drittel des gesamten Flugzeugbruttogewichts ausmacht. Man wird mit kleinen Geschenken überschüttet: Hausschuhe, Kopfhörer, Augenmasken, Ohrstöpsel, Toilettenartikel, Kleidungsstücke, Schreibwaren – sie zaubern immer mehr von diesen Dingen hervor und füttern einen so lange, bis man sich nach mehreren Stunden in einen gewaltigen, aufgeblähten Fleischkloß in Ruhestellung verwandelt hat, unter einem

Berg von Geschenkartikeln begraben. Und noch *immer* fragen sie, was sie für dich tun können. Man bekommt den Eindruck, sie würden mit Begeisterung die Steuererklärung für das Finanzamt ausfüllen oder an Bord ein Gesichtslifting vornehmen. Man könnte auch nebenbei erwähnen, daß man schon immer gerne einen Fjord gesehen hätte, und der Kapitän ändert sofort den Kurs Richtung Norwegen.

Da wir gerade vom Kapitän sprechen, der einzige beunruhigende Vorfall während des Fluges ereignete sich — und ich bin mir immer noch nicht sicher, ob es *tatsächlich* passiert ist — mitten in der Nacht, als die meisten Passagiere schliefen und ich ein Bier trank und mich sehr ernsthaft damit befaßte, *Japanisch auf einen Blick* zu lesen, und eine Stewardeß vorbeikam und mich und meinen Sohn Robby, der immer noch wach war[5], fragte, ob wir gerne das Cockpit sehen würden. Wir sagten »klar«, mühten uns schwerfällig aus den Sitzen und kletterten die schmale Wendeltreppe hinauf, gingen an einer, wie ich meine, bewaffneten Wache vorbei in das Cockpit, in dem einige aufmerksame Männer die Stellung hielten und aufmerksam ungefähr 650.000.000.000.000.000.000.000.000 Geräte beobachteten.

Einer der Männer, ich glaube, es war der Navigator, deutete aus dem Fenster auf ein paar Inseln zur Rechten.

»Die Aleuten«, sagte er.

»Robby«, übersetzte ich, »das sind die Aleuten.«

»Ah«, sagte Robby.

»Ah«, erklärte ich dem Navigator.

---

5 Er ist *immer* wach. Seit seiner Geburt. Pausenlos.

»Ja«, sagte er.

Als wir das Cockpit verließen, wandte sich die überaus sanfte und ehrfürchtige Stewardeß lächelnd an mich und sagte mit scherzhaftem Unterton — ich bin mir fast sicher, daß sie es wirklich sagte, aber vielleicht lag es auch an der späten Stunde und dem Wein — »Wenn wir die Aleuten überfliegen, schießen uns die Russen ab.«

WAS? dachte ich.

»Ha ha!« sagte ich jedoch, um ihr zu beweisen, daß mein Sinn für Humor es mit dem jeden Passagiers der ersten Klasse aufnehmen konnte.

Zufällig wurden wir nicht abgeschossen, aber dank der anregenden Erste-Klasse-Unterhaltung konnte ich mich fast eine ganze Stunde lang dem Studium der japanischen Sprache widmen, bevor ich einschlief. Mein höchstes Ziel war, in fließendem Japanisch »Ich spreche nicht Japanisch« sagen zu können, aber ich entschloß mich, mit »Danke sehr« anzufangen. Nach *Japanisch auf einen Blick* klingt das folgendermaßen:

DOH-moh ah-REE-gah-toh

Aus irgendeinem Grund — vielleicht lag das auch am Wein — konnte ich es einfach nicht behalten. Ich probierte es bei den Stewardessen aus, die weiterhin alle paar Minuten mit Geschenken vorbeikamen.

»DI-mo ah-bli-GA-toh«, sagte ich.

Oder: »DE-mi AL-le-GRET-oh.«

Oder: »DA-moh o-RE-ga-noh.«

Alle Fassungen schienen ganz gut zu funktionieren, aber ich glaube, die Stewardessen waren einfach nur höflich. Ich fragte mich, wie wohl normale japanische Bürger reagieren würden; insbesondere erschreckte mich die folgende Warnung aus *Japanisch auf einen Blick*:

Die langen Vokale deutlich aussprechen; wird ein langer Vokal falsch ausgesprochen, so kann sich die Bedeutung des Wortes ändern oder sogar unverständlich werden.

Also bemühte ich mich, die Vokale deutlich auszusprechen. Ich wollte auf gar keinen Fall wegen falscher Aussprache der Vokale, statt einem Hotelpagen zu danken, um seine Hand anhalten. Nach einer guten Stunde vertraute ich meinem »danke sehr« immer noch nicht, und fast alle anderen Redewendungen in *Japanisch auf einen Blick* waren noch schlimmer. Ein Silbengenerator schien sie aufs Geratewohl ausgespuckt zu haben. Je mehr ich mich zu konzentrieren versuchte, desto verwirrender wurden die Redewendungen, bis alle aussahen wie:

HALLO ((höflich):
Wa-SO-hah-na-GO-ma-a-SO-la-ti-DOH
HALLO (zwanglos):
Hah-to-RAH-ma-ka-NYAH-nyah-nyah
HALLO (bei Regen):
KO-rah-na-mah-NAY-ah-MOO-baaaa

Höflich vor mich hinstammelnd, schlief ich ein und träumte von den Russen.

Das Ergebnis dieses Sprachtrainingsprogramms war, daß mein Japanisch bei der Ankunft in Tokio ungefähr so flüssig war wie Zement. Während unseres Aufenthaltes wurde es auch nie viel besser. Das einzige Wort, das ich fehlerlos lernte, war »Bier«, »bee-roo« ausgesprochen, es sei denn, man bestellt ein großes Bier, dann heißt es »GROSS bee-roo«. Ein paar andere japanische Wörter gelangen mir ebenfalls, und ich wandte sie nach dem Zufallsprinzip an. Folgendes ist tatsächlich geschehen: Eines Abends brachte mir der Hotellkellner ein Bier; ich bedankte mich auf japanisch, er verbeugte sich höflich und ging, als mein Sohn bemerkte, daß ich eigentlich zu dem Kellner gesagt hatte »Sehr guten Morgen, mein Herr«.

Meine Unfähigkeit, Japanisch zu lernen, erwies sich zum Glück als kein großes Problem dank eines kleinen Karteikartensystems mit dem Titel *DIE 32 WICHTIGSTEN JAPANISCHEN REDEWENDUNGEN*, das zu *Japanisch auf einen Blick* gehörte. Ich trug die Karten immer bei mir. Auf der linken Seite standen 32 Redewendungen wie »Sprechen Sie Englisch?«, »Ich habe mich verlaufen«, »Wo ist die Toilette?« usw. Auf der rechten Seite der Karte stand in Lautschrift, wie diese Redewendungen auf japanisch heißen. »Ich habe mich verlaufen« klingt zum Beispiel so:

Mee-chee nee, mah-YOHT-teh shee-mah-ee-mah-shtah

Selbst wenn ich vom Kärtchen ablesen würde, bräuchte ich wahrscheinlich fünfzehn Minuten für das Lesen und die erfolgreiche Aussprache, und ich bin nicht sicher, ob es mir überhaupt etwas bringen würde. Angenommen, ich würde es tatsächlich schaffen, zu einem Japaner »Mee-chee nee, mah-YOHT-teh shee-mah-ee-mah-shtah« zu sagen. Die Antwort würde wahrscheinlich »na-go-wah-ME-yoh-nah-mah-TSOY-yah-ska-wo-mah« sein oder so ähnlich klingen und »Ach so« bedeuten. Darauf müßte ich dann mit einer weiteren Redewendung antworten, deren Aussprache wiederum fünfzehn Minuten kosten würde. Aus zeitlichen Gründen erschien es einfacher, selbst den Weg zu suchen, wenn wir uns verlaufen hatten, womit wir auch den Großteil der drei Wochen zubrachten.

Das heißt aber nicht, das *DIE 32 WICHTIGSTEN JAPANISCHEN REDEWENDUNGEN* nicht hilfreich waren. *Au contraire.*[6] Als ich erst einmal begriffen hatte, wie man sie verwendet, waren sie unschätzbar. Der Trick bestand darin, die *rechte japanische Seite zu ignorieren*. Nur wenige Japaner verstanden mich, wenn ich versuchte, wichtige japanische Redewendungen auszusprechen. Aber die *linke* Seite der Karte sehr langsam zu lesen gelang mir immer besser. Ich sagte:

Wo-ist-die-Toi-let-te?

Und fast immer verstand mich irgend jemand so gut, daß er mir den Weg zeigen konnte. (Was nicht immer erstrebenswert war, weil die japanische Auffassung von »Toilette« dem gleicht, was wir »ein Loch im Boden, auf dem jemand vergessen hat, eine Toilette zu bauen« nennen würden.)[7]

Ich fand heraus, daß viele Japaner ein bißchen Englisch sprechen. Aber oft nur *sehr* wenig. Japan ist anders als zum Beispiel Deutschland, wo offenbar jeder Englisch besser spricht als ein durchschnittli-

6 Oder wie der Japaner sagt: »Eh-gah-wo-nah-TKSKA-ka-do-ma-oo-mau-mau.«

7 Mehr zu diesem wichtigen Thema später.

cher amerikanischer Kongreßabgeordneter. In Japan gerät man oft in Situationen, in denen niemand Englisch spricht. Das Merkwürdige dabei ist, daß Englisch *überall* in Japan präsent ist. Ständig sieht man Schilder und Werbung mit englischen Texten, und in Geschäften und Restaurants wird pausenlos amerikanische Rockmusik gespielt. Aber scheinbar hat für Japaner das Englische keinen Inhalt. Es dient lediglich dekorativen Zwecken wie der Verzierung einer Motorhaube oder des Verkehrsschildes *Höchstgeschwindigkeit 80 km/h.*

Das kann frustrierend sein. Ich erinnere mich an ein Kentucky Fried Chicken[8] in der kleinen Stadt Beppu, wo ich versuchte, dem jungen Mann hinter der Theke, der, wie praktisch alle Japaner, die wir trafen, überaus höflich und gewissenhaft war, den Begriff »Ketchup« verständlich zu machen. Er gab sich redlich Mühe, mich zu verstehen, runzelte vor Konzentration die Stirn, als ich die offizielle, von den Vereinten Nationen anerkannte Geste für »Ketchup« anwendete, die darin besteht, mit der flachen Hand gegen die Unterseite einer imaginären umgedrehten Ketchup-Flasche zu schlagen und gleichzeitig

Ketchup? Ketchup? Ketchup?

zu sagen wie jemand, der eine durch Schluckauf ausgelöste Nervenkrankheit hat. Aber ich konnte mich nicht verständlich machen. Der junge Mann holte zwei junge Frauen dazu, und alle drei schauten feierlich zu, als ich mein

---

8 *Natürlich* gibt es dort auch Kentucky Fried Chicken. Was denken Sie denn?

wiederholte. Keiner sagte ein Wort, und aus den Lautsprechern dröhnte ununterbrochen:
There she was, just a-walkin' down the street
Singin' do-wah diddy diddy dum diddy-do
Und ich hätte am liebsten laut geschrien: WIESO VERSTEHT IHR KEIN ENGLISCH, WENN IHR DEN GANZEN TAG LANG »DO WAH DIDDY DIDDY DUM DIDDY DO« HÖRT?

Die Antwort ist, daß ihnen die Texte egal sind; ihnen gefällt einfach nur der Klang. Dasselbe gilt für gedruckte englische Worte. Der Sinn ist den Japanern gleichgültig; ihnen gefällt einfach das Aussehen der Texte. Besonders mögen sie Kleidung, die mit sinnlos aneinandergereihten, englischen Wörtern bedruckt ist. Das führt zu dem Phänomen, über das sich Tausende von englischsprechenden Besuchern ungemein amüsieren: das unfreiwillig komische T-Shirt. Jeder, der schon einmal in Japan war, kennt dafür Beispiele. Tom Reid von der *Washington Post* erzählte mir, daß er einmal an einer Veranstaltung teilgenommen hatte, bei der ein japanischer Student mit einem äußerst wichtigen Wissenschaftspreis ausgezeichnet wurde; der Student trug ein T-Shirt mit der Aufschrift *SNOT HOUSE* (Rotzhaus). Ich sah einmal eine attraktive junge Mutter mit Kinderwagen, die zu einem hübschen Rock und hochhackigen Schuhen eine Bluse mit der Aufschrift *CIRCUIT BEAVER* (Kreisbiber) trug.

Hier sind nur einige Beispiele für die faszinierenden Aussagen, die wir auf T-Shirts entdeckten, und, wie ich immer gern betone, wenn ich die Wahrheit sage: Ich erfinde dies nicht.

I AM PLUMP MARY.
(Ich bin die dralle Mary.)
WE'RE BONE NOB. WE'RE HAPPY OUR ORIGINAL DANCE.
(Wir sind Knochen-Kopf. Glücklich sind wir unser Originaltanz.)
NURSE MENTALITY.
(Krankenschwester-Mentalität.)
WE HOPE TO ALWAYS HAVE an OPEN.
(Wir hoffen, immer ein Offen zu haben.)
A SOUVENIR GOODS MAKE US HAPPY ANYTIME. DON'T YOU THINK SO?
(Eine Geschenkware macht uns immer glücklich. Finden Sie nicht auch?)
BONERACTIVE WEAR.
(Fehleraktive Kleidung.)

Wir entdeckten auch Schilder, auf denen stand, wo folgendes zu finden ist:

VENOM FOOD AND BAR[9]
(Gift-Restaurant und Bar)
LIQUOR BY THE GRASS OR IN COCKTAIL
(Likör beim Gras oder im Cocktail)
JIVE COFFEE (Jive-Kaffee)
FASHION VS. HAIR (Mode kontra Haar)

Auf einem Zigarettenautomaten in Kyoto fanden wir kommentarlos folgende Bemerkung:

---

9 Diese Einrichtung befindet sich in einem Bezirk von Tokio, der Roppongi heißt und das Motto »A High Touch Town« (eine Stadt mit hohem Hauch) trägt.

»Dort ist es üblich, einander täglich zur Begrüßung eine Zigarette anzubieten.«
»Das habe ich gehört. Das Anbieten von Zigaretten gilt als freundlich und herzlich.«

Der englischsprachige Besucher kann aus all dem die wichtige Lehre ziehen, daß in Japan englische Worte nicht unbedingt etwas bedeuten. Für weiteres Durcheinander sorgt die Tatsache, daß selbst WENN der englische Text eine Bedeutung hat, diese nicht unbedingt mit der ursprünglichen übereinstimmen muß. Dinge beim Namen zu nennen zählt nicht gerade zu den Stärken der Japaner. Man kann auch sagen: Verglichen mit dem Japaner, kommuniziert der Durchschnittsamerikaner so subtil wie *Harpo*, der mit einem toten Hühnchen auf *Zeppo* eindrischt. Die japanische Art der Kommunikation ist geprägt von feinen Nuancen und Euphemismen, wichtige Dinge bleiben oft unausgesprochen; während Amerikaner sich schon für taktvoll halten, wenn sie nicht am Hemdsärmel ihres Gesprächspartners zerren.

Diese unterschiedliche Herangehensweise führt häufig zu Mißverständnissen zwischen beiden Kulturen. Eines der größten Probleme – alle Reiseführer warnen davor – besteht darin, daß Japaner nur höchst ungern »nein« sagen, ein Wort, das bei ihnen grundsätzlich als unhöflich gilt. Meine Frau Beth machte diese Erfahrung bereits, bevor wir nach Japan fuhren, nämlich als sie bei einem japanischen Reisebüro Flüge und Hotels buchte. Beth, die sehr direkt zu kommunizieren pflegt, machte schreckliche Krisen durch, da sie endlose Gespräche wie diese führen mußte:

BETH: ... und dann möchten wir von A nach B fliegen.
REISEBÜRO: Aha. Sie möchten fliegen?
BETH: Ja.
REISEBÜRO: Von Punkt A?
BETH: Ja.
REISEBÜRO: Nach Punkt B?
BETH: Ja.
REISEBÜRO: Ah.
BETH: Ist das möglich?
REISEBÜRO: Vielleicht würden Sie lieber mit dem Zug fahren.
BETH: Nein, wir fliegen lieber.
REISEBÜRO: Aha. Sie würden lieber ein Flugzeug nehmen?
BETH: Ja. Ein Flugzeug.
REISEBÜRO: Aha. Von Punkt A?

Bei jeder einzelnen Buchung spielte sich das gleiche Theater ab. Jedesmal, wenn sie den Hörer aufgelegt hatte, war Beth zur geifernden Megäre geworden.

»Wo liegt das PROBLEM?« schrie sie, und die Hunde krochen vor Schreck auf allen vieren (vielleicht hatten sie etwas ausgefressen). »Warum können diese Menschen nicht VERNÜNFTIG REDEN???«

Natürlich redete der Angestellte des Reisebüros vernünftig. Ein mit der japanischen Kultur vertrauter Mensch hätte sofort erkannt, daß er eigentlich aus vollem Hals brüllte: »DORT GIBT ES KEIN FLUGZEUG, SIE TAUBE NUSS!«

Soweit ich mich erinnere, sagte während der ganzen Reise durch Japan niemals jemand, daß wir etwas nicht machen könnten, obwohl sich herausstellte, daß wir vieles nicht machen konnten. Das Leben wurde einfacher, nachdem wir gelernt hatten, bestimmte Schlüsselsätze richtig zu interpretieren, die ich in der folgenden praktischen Tabelle zusammenfasse:

ENGLISCHE AUSSAGE EINES JAPANERS	TATSÄCHLICHE BEDEUTUNG IM AMERIKANISCHEN
Ach so.	Nein.
Ah.	Nein.
Aha.	Nein.
Ja.	Nein.
Das ist schwer.	Das ist vollkommen unmöglich.
Das ist sehr interessant.	So was Blödes habe ich noch nie gehört.
Wir werden Ihren Vorschlag bedenken.	Wir werden Ihren Vorschlag an eine Ziege verfüttern.

Bevor wir nach Japan abreisten, führte ich mehrere Telefongespräche mit Hiroshi Ishikawa vom ausländischen Pressezentrum in Tokio, der sehr hilfsbereit war, Interviews in die Wege leitete, Dolmetscher vermittelte und den ich mittlerweile als Freund betrachte. Unsere erste Unterhaltung verlief wie folgt:

HIROSHI: Sie werden drei Wochen bleiben?
ICH: Ja.
HIROSHI: Ach so. Und Sie werden ein Buch schreiben?
ICH: Ja.
HIROSHI: Ach so. Und Sie erwarten, in drei Wochen ausreichend Material zu sammeln?
ICH: Na ja, es wird kein *gutes* Buch. (*Pause für einen Lacher*)
HIROSHI: Ach so.

Erst in Japan wurde mir klar, daß Hiroshi damit seine gewaltigen Zweifel gegenüber der ganzen Idee ausgedrückt hatte, aber damals war ich zum Glück noch ahnungslos. Ich bin sicher, daß ich so gut wie nichts von dem, was mir dort drüben jemand sagte, richtig verstanden habe. Offen gesagt, frage ich mich, wie Amerikaner und Japaner je über irgend etwas miteinander kommunizieren können. Laut Reiseführer pflegen japanische Geschäftsleute sehr höflich miteinander umzugehen und sind oft grundlos selbstkritisch und voller Selbstanklagen:

ERSTER MANAGER: Guten Tag.
ZWEITER MANAGER: Guten Tag.
ERSTER MANAGER: Es tut mir leid.
ZWEITER MANAGER: Es tut mir außerordentlich leid.
ERSTER MANAGER: Ich kann mich nicht ausstehen.
ZWEITER MANAGER: Ich bin sumpfiger Abschaum.
ERSTER MANAGER: Ich bin Dreck unterm Fingernagel.
ZWEITER MANAGER: Man sollte mich erschießen.

Erst nach langem Hin und Her dieser Art kommen sie zur Sache. Eine typische Unterhaltung zwischen amerikanischen Geschäftsleuten klingt dagegen so:

ERSTER MANAGER: Bob!
ZWEITER MANAGER: Ed!
ERSTER MANAGER: Wie stehen die Aktien?
ZWEITER MANAGER: Eine schlechter als die andere!
ERSTER MANAGER: Ha!
ZWEITER MANAGER: Hör mal, zu den R-243-J, die können wir euch bestenfalls für 3,80 Dollar pro Stück geben.
ERSTER MANAGER: Red keinen Scheiß, Bob.
ZWEITER MANAGER: Ha!

Nein, Taktgefühl und Verhandlungsgeschick zählen nicht gerade zu den starken Seiten der Amerikaner, deshalb bezeichnen Japaner uns gern als große, laute Wasserbüffel, die ziellos im sorgfältig angelegten, überaus gepflegten Garten ihrer Gemeinschaft herumtrampeln und poltern. Ich jedenfalls *fühlte* mich bei meiner Ankunft am Narita-Flughafen wie ein Wasserbüffel, als ich mein einziges japanisches Wort vor mich hinmurmelte, auf die langen Vokale achtete und zweihundert Kilo schwerer war als beim Abflug.

2

ANPASSUNG AN EINE EXOTISCHE UND HOCHENTWICKELTE KULTUR

Oder: Verbeugen, furzen usw.

Die japanische Kultur gefiel mir sofort — wegen einer faszinierenden und wundervollen Eigenart, die ich in Ermangelung eines geeigneten Ausdrucks »fehlende Größe« nennen möchte. Ich habe gelesen, daß im Durchschnitt die Japaner inzwischen größer werden; zur Zeit sind sie ungefähr so groß wie amerikanische Schüler, tragen allerdings weniger Waffen. Seit ich erwachsen bin, bezeichne ich mich als »ungefähr 1,85«, so wie sich amerikanische Männer immer beschreiben, wenn sie ungefähr 1,80 groß sind. Als Jugendlicher gehörte ich immer zu den kleinen Schwächlingen, war ein Junge, der von den anderen leicht mit dem Kopf nach unten über eine Toilette gehalten werden konnte. Ich war ein Spätentwickler.[1] Auf Schülerfesten, wenn die anderen das Licht ausschalteten und rumknutschten, war ich der Trottel, der die kleinen Plastikstücke in die Mitte der 45er Platten steckte. Mein Vertrauen in meine körperliche Kraft war nie sonderlich ausgeprägt. Bis heute schüchtern mich große, starke Männer leicht ein. Gehe ich, sagen wir mal, in ein Reifengeschäft, weil

---

1 Oder in moderner Fachsprache: pubertätsbeeinträchtigt.

ich einen neuen Reifen brauche, und ein gewisser Chuck, dessen Oberarme ungefähr so dick sind wie Danny DeVito, sieht sich mein Auto an, dreht sich zu mir um und sagt, während er mit dem Finger fast meine Brust durchbohrt: »Ey, Mann, du brauchst nicht *einen* neuen Reifen; du brauchst *vier* neue Reifen. Er braucht doch vier neue Reifen, stimmt's, Bud?« Und Bud, noch größer als Chuck – er ist, um genau zu sein, größer als so manches Regierungsgebäude – sagt: »Oh, er braucht *mindestens* vier Reifen. Vielleicht auch sechs.« Ich ziehe mich aus der Affäre, indem ich mich einfach schriftlich bereiterkläre, die Ausbildung aller ihrer Kinder zu finanzieren.

Aber in Japan war ich *groß*. Das fiel mir auf, sowie wir aus dem Flugzeug stiegen. Als wir durch das überfüllte Flughafengebäude marschierten, bemerkte ich, daß ich über alle Köpfe hinwegsehen konnte.

»Hey!« bemerkte ich zu Beth. »Ich bin der Größte in der Halle!«

Diese Beobachtung machte ich während unseres Aufenthaltes in Japan immer wieder. Wenn wir in einem wundervollen Tempel oder in einem bedeutenden Museum waren und Beth und Robby wichtige kulturelle Erfahrungen sammelten, sagte ich: »Hey! In diesem Tempel oder Museum bin ich der Größte!«

Ich wollte mir einen Basketball kaufen und ihn durch Tokios Straßen dribbeln, in der Hoffnung, an einem Sportplatz vorbeizukommen. Die Spieler würden meine Größe bemerken und mich selbstverständlich bitten, den Center zu spielen, und ich würde mir mit meiner geballten Körperkraft den Weg zum Korb bahnen, viele wichtige Punkte machen und entscheidende Würfe abblocken, und später, wenn ich mit meinen neuen Freunden beim Biertrinken die Männerfreundschaft genießen würde, könnte ich ihnen bescheiden verraten, daß man mich in den Vereinigten Staaten auch Dr. Überflieger nennt.[2]

Leider gab es offenbar überhaupt keinen solchen Sportplatz in Tokio, so daß ich mit einem gedribbelten Basketball ziemlich blöd ausgesehen hätte. Auch ohne Basketball schaffte ich es die meiste Zeit, ziemlich blöd auszusehen. Wie fast alle Ausländer in Japan, benahm ich mich fortwährend falsch. Hier komme ich zu einer der erschütternden Einsichten, die dieses Buch zu dem machen, was es ist:[3] *Die japanische Kultur ist anders als unsere.* Zum einen besteht sie fast ausschließlich aus Japanern. Zum anderen geben sie sich nicht die Hand.[4] Sie verbeugen sich. Körperkontakt, vor allem mit Fremden, ist bei ihnen nicht üblich. Eine typische amerikanische Party, bei der sich Leute umarmen und küssen, die sich kaum kennen, und andere, die sich *wirklich* nahe stehen, ihre Sexualität manchmal mitten im Saal ausleben, würde ihnen Unbehagen bereiten.

Japaner legen auch bei der Anrede viel Wert auf Form; sie sprechen sich grundsätzlich mit dem ehrenwerten Titel »san« an und sagen »Osaka-san«, was soviel heißt wie »Herr Osaka«. Soweit ich weiß, würden Japaner, die schon seit Jahren zusammenarbeiten, nicht im Traum daran denken, sich gegenseitig mit dem Vornamen anzusprechen. Amerikaner dagegen benutzen sofort den Vornamen und verleihen

2 Oder wie die Japaner sagen: »Oh-GAH-tse-wah-na-KAH-no-mahska-wo.«

3 Im Gegensatz zu *Krieg und Frieden*.

4 Ich habe keine Ahnung, wie sie eine Wette persönlich besiegeln.

sich am Ende einer ersten Begegnung gern den Titel: »Du Hornochse!«

Eines Abends beobachteten wir in Tokio, wie sich zwei Geschäftsleute voneinander verabschiedeten, die eindeutig die halbe Nacht getrunken hatten, ein in Japan sehr beliebter Sport. Die Männer waren sturzbetrunken und hatten jenen Zustand erreicht, wo jedes sie streifende Luftmolekül sie leicht zum Schwanken brachte, aber sie gingen immer noch förmlicher miteinander um als Amerikaner bei einer Beerdigung. Sie standen einander gegenüber und verbeugten sich tief, was dazu führte, daß beide einen Moment lang ihr Gleichgewicht verloren und mit dem Gesicht auf dem Gehweg zu landen drohten. Sie versuchten, ihr Gleichgewicht wiederzuerlangen, machten einen Schritt vorwärts und knallten fast mit den Köpfen aneinander. Sie schafften es, wieder in die Senkrechte zu kommen, und torkelten würdevoll in entgegengesetzte Richtungen davon. Wären die beiden kotzend im Gebüsch gelandet, ich wette, sie hätten es so feierlich getan wie Alfonse und Gaston.

An die Verbeugerei habe ich mich nie richtig gewöhnt. Laut Reiseführer gibt es komplizierte Regeln, die genau festlegen, wie man sich verbeugt, wer sich am tiefsten verbeugt, wann und wie lange und wie oft; all dies hängt von der Situation und dem Status der jeweils Beteiligten ab. Von meiner Familie und mir als großem, ignorantem ausländischem Wasserbüffel erwarteten die Japaner natürlich nicht, daß wir mit diesen Regeln vertraut waren. Trotzdem fühlten wir uns zu dem Versuch verpflichtet, Verbeugungen zu erwidern.

Dies geschah ziemlich oft. Es begann bei der Ankunft in unserem Hotel in Tokio. Als ich die Treppen des Flughafenbusses herunterstieg, stürzten zwei uniformierte Hotelpagen auf mich zu und verbeugten sich. Ich gab mich locker, kam mir aber vor wie ein Idiot, als ich mich ebenfalls verbeugte. Wahrscheinlich machte ich was falsch, denn nun verbeugten sie sich wieder. Also verbeugte ich mich noch einmal. Wir drei arbeiteten uns unter permanenten Verbeugungen bis zu der Stelle vor, wo das Gepäck ausgeladen wurde, und ich verbeugte mich vor unseren Koffern, und die Pagen verbeugten sich, nahmen das Gepäck und eilten ins Hotel. Wir folgten ihnen an einem sich verbeugenden Portier vorbei ins Hotel, wo wir von dem spalierstehenden Hotelpersonal unter Verbeugungen in Empfang genommen wurden. Egal, in welche Richtung wir uns drehten, von überall wurden Verbeugungen auf uns abgeschossen, teilweise aus einer Entfernung von fünfundzwanzig Metern.

Ruckweise, wie aufgezogene Spielzeugvögel, gelangten wir unter Verbeugungen zur Rezeption, wo ein sich verbeugender Portier uns eintrug. Wir verbeugten uns weiter bis zu den Fahrstühlen, wo wir auf unsere ersten Fahrstuhl-Damen trafen. Das sind junge, uniformierte, unerbittlich lächelnde Frauen, die den ganzen Tag bei den Fahrstühlen der Hotels und Warenhäuser stehen. Sie haben die Aufgabe, den Fahrstuhlknopf zu drücken. Wenn der Fahrstuhl kommt, begrüßen sie ihn enthusiastisch gestikulierend, so wie Models in Fernsehshows, wenn sie einem glücklichen Quizteilnehmer die siebzehnteilige Eßzimmergarnitur vorführen, die er gerade gewonnen hat.

»Hier ist Ihr Fahrstuhl!« lautet die Botschaft ihres Gebärdenspiels. »Ist er nicht wunderbar?«

Während unseres gesamten Aufenthaltes in Japan vermittelte mir jede Fahrstuhl-Dame das Gefühl, daß meine Entscheidung, ihren Fahrstuhl gewählt zu haben, sie in Verzückung versetzte. Nie sah ich eine, die sauer war über die Tatsache, daß sie, seien wir ehrlich, einen beschissenen Job hat. Müßte ich ihre Arbeit machen, ich würde innerhalb kürzester Zeit durchdrehen. Nach wenigen Tagen würde ich die Leute absichtlich in die offenen Fahrstuhlschächte schicken.

Wir stiegen trotzdem in den Hotelfahrstuhl, und die FD stand davor und verbeugte sich tief, während die Türen sich schlossen. Ich erwiderte die Verbeugung, aber nicht zu tief, denn ich befürchtete, mein Kopf könnte zwischen die Türen geraten. Als wir allein im Aufzug waren, fragte ich mich, ob die ganze Verbeugerei nicht ein ausgemachter Streich war und die Hotelangestellten sich jetzt die Hände rieben und vor Lachen ihre Uniformen naßweinten.

Wir erreichten unser Zimmer; Sekunden später klopften die Pagen an der Tür, kamen unter Verbeugungen herein, stellten das Gepäck ab und prüften, ob alles in Ordnung war. Dann — ich wurde Zeuge eines erstaunlichen Vorgangs — *gingen* sie. Sie gingen einfach *aus dem Zimmer.*

Ein amerikanischer Page hätte weiter freundlich, aber entschlossen herumgestanden und darauf gewartet, daß man selbst darauf kommt, ihm ein Trinkgeld zu geben. Dämmert es einem nicht sofort, dann fängt er an, den besonderen Service zu beschreiben, den der Gast in Anspruch nehmen kann, wie zum Beispiel das Frühstück; oder er führt demonstrativ einige Luxusausstattungen des Zimmers vor, zum Beispiel das elektrische Licht, das mittels eines Schalters bedient wird. Wenn nötig, bleibt er die ganze Nacht im Zimmer. Wenn man nachts um drei Uhr aufsteht, stolpert man über den Pagen, der zeigt, wo sich die Klospülung befindet, und der einem hilfreich zur Seite steht, bis man sich spontan entschließt, ihm ein kleines Präsent als Zeichen der Dankbarkeit zu geben.

Aber in Japan gibt man keine Trinkgelder. Es ist einfach nicht üblich. Nicht einmal in Restaurants. Wenn man bedient wird, bedankt man sich einfach,[5] und keiner wird böse oder so. Im Gegenteil, sie scheinen oft glücklich zu sein, jemandem einen Dienst erweisen zu dürfen. Können Sie sich das vorstellen? Als Bewohner eines Landes, wo man oft Leuten ein Trinkgeld gibt, um nicht angespuckt zu werden, hat mich das ziemlich schockiert.

Bei all dem ist es ein Rätsel, daß der Service — jeder, der schon mal in Japan war, kann das bestätigen — erstklassig ist. Und nicht nur in den besseren Hotels. Überall. Sie gehen in ein Kaufhaus, ein Restaurant, egal, wie heruntergekommen, und ich wette, daß sie sofort freundlich angesprochen werden. Das war bei uns überall der Fall. Ich verstand natürlich nie, was die Leute *sagten*. Vielleicht sagten sie: »Ha! Amerikaner! Irgendwann werden wir Ihr gesamtes Land aufkaufen und unseren Tofu in Ihrer Lincoln-Gedenkstätte lagern!« Aber es *klang* immer sehr freundlich. Und sie waren wild darauf, uns zu bedienen. Ich mußte an die vielen Male denken, bei denen ich, vor allem in großen amerikanischen Kaufhäusern, versucht hatte, gegen Bezahlung etwas zu kaufen — dafür sind Geschäfte schließlich da —,

5 Wie folgt: »Danke sehr.«

aber es klappte nicht, denn die Verkäufer waren zu sehr mit anderen, wichtigeren Tätigkeiten beschäftigt wie reden und in die Luft starren. Mehr als einmal habe ich mich in amerikanischen Kaufhäusern wie ein Eindringling gefühlt, der versucht, die Angestellten mit Geld zu bestechen. »Na prima«, signalisiert ihre unausgesprochene, aber deutliche Haltung. »Bis jetzt lief alles glatt und ruhig, und nun kommt dieser *Affe*, der — unglaublich — etwas *kaufen* will. In einem *Kaufhaus*, meine Güte.«

Ich gebe Ihnen noch ein Beispiel. Wir reisen sehr viel in den Vereinigten Staaten herum, und häufig ist unser Sohn dabei, und wenn er mitkommt, versuchen wir immer, für ihn eines dieser Feldbetten ins Hotelzimmer zu bestellen. Beth ruft vorher in den Hotels an und bittet darum, schriftlich festzuhalten, daß wir ein Feldbett brauchen. Später ruft sie nochmal an und läßt sich bestätigen, daß ein Feldbett vorhanden sein wird. Bei unserer Ankunft erinnern wir die Angestellten immer noch einmal daran.

Selbstredend ist bei unserer Ankunft niemals — *kein* einziges Mal in den vielen, vielen Hotels — ein Feldbett in unserem Zimmer. Wir müssen *immer* beim Empfang anrufen, um eines bitten, und nichts geschieht. Also rufen wir noch einmal an und vielleicht noch einmal, und natürlich sind die Leute am Empfang nicht gerade erfreut darüber — *»Diese verdammten Gäste! Rufen an und wollen irgendwas!«* —, bis schließlich, oft spät in der Nacht, jemand kommt, der sichtlich verärgert ist, weil er mitten in der Nacht Betten aufstellen muß für Leute, die schließlich vorher daran hätten denken können. Selbstverständlich gebe ich demjenigen immer ein Trinkgeld.

In Japan stand das Bett bei unserer Ankunft im Zimmer. In jedem Hotel. Vielleicht mag Ihnen das unwichtig erscheinen, aber für uns war das so unglaublich wie ein Wildfremder, der einem in New York City die Tür aufhält.

Ein weiteres unbedeutendes, aber typisches Hotelbeispiel: Nachdem wir in unserem Hotel in Hiroshima angekommen waren, stellte ich fest, daß aus dem Wasserhahn über unserer Badewanne kein heißes Wasser kam, also rief ich die Rezeption an. In Amerika würde man mir erzählen, daß jemand käme, um nachzusehen, und irgendwann würde vielleicht tatsächlich jemand auftauchen — aber nicht unbedingt in diesem Leben.

In Hiroshima klopfte ein Page nach sage und schreibe einer Minute an unserer Zimmertür. Er war offensichtlich gerannt und sah bestürzt aus. Er prüfte den Wasserhahn, stellte fest, daß er tatsächlich nicht funktionierte und — jetzt sah er *außerordentlich* bestürzt aus — rannte aus dem Zimmer. Nach weniger als drei Minuten kam er mit zwei weiteren Männern zurück, von denen einer sich sofort an die Arbeit machte. Die einzige Aufgabe des anderen Mannes bestand offenbar darin, für diesen ungemein peinlichen und vollkommen unverzeihlichen Fehler im Namen des Hotels unsere Vergebung zu erflehen.

»Es tut uns sehr leid«, sagte er immer wieder und schien den Tränen nahe. »*Sehr* leid.«

»Das macht nichts!« sagte ich immer wieder. »Wirklich nicht!« Aber es hatte keinen Zweck. Der Mann war am Boden zerstört.

Innerhalb von zehn Minuten war der Wasserhahn repariert; die drei Männer entschuldigten sich überschwenglich ein letztes Mal in mehreren Sprachen und verließen unser Zimmer, wonach, wie ich glaube, der stellvertretende Präsident für den Wasserhahnbetrieb des Hotels nach draußen geführt und erschossen wurde.

Nein, im Ernst. Er nahm sich wahrscheinlich das Leben. So ernst nehmen sie da drüben ihren Job.

Angeblich finden amerikanische Geschäftsleute immer wieder heraus, daß den Kunden mehr Aufmerksamkeit gewidmet werden muß, aber leider haben wir noch einen weiten Weg vor uns, bis wir die Japaner einholen. Während ich diesen Text schreibe, kochen Beth und ich vor Wut und würden am liebsten jemanden umbringen, weil wir wiederholt unsere Elektrofirma erfolglos dazu bewegen wollten, einige Probleme an unserem Kühlschrank gegen Bezahlung zu beheben. Beth telefonierte vor zwei Wochen mit einer Angestellten des Kundendienstes, die einen Termin für den Elektriker vereinbarte. Sie konnte Beth sogar den *Tag* sagen, an dem er kommen würde, aber — als Besitzer diverser Elektrogeräte weiß man ja, wie das läuft — sie weigerte sich, die *Uhrzeit* zu verraten.

Das geschieht aus Gründen der nationalen Sicherheit. Wüßten wir den genauen Zeitpunkt, an dem unser Elektrogerät repariert wird, bestünde die Gefahr, daß wir diese Information in der Öffentlichkeit ausposaunten. In einem Restaurant zum Beispiel könnte einer von uns, nach ein paar Gläsern Wein zuviel, sagen: »Ja, der Techniker unserer Elektrofirma kommt am Mittwoch um 14:30 Uhr.« Wir würden nicht einmal in Betracht ziehen, daß der Kellnerlehrling, der ein paar Meter entfernt auf der Lauer liegt, ein feindlicher Agent ist, der die ganze Operation auffliegen lassen könnte.

Am besagten Tag blieb Beth also zu Hause und wartete auf den Elektriker, der natürlich nicht erschien. Die Firma testete uns wahrscheinlich nur, um sicherzugehen, daß bei uns tatsächlich der Wunsch nach einer Reparatur des Kühlschranks vorhanden war und wir nicht nur so zum Spaß einen Termin vereinbart hatten. Beth verbrachte den ganzen Tag am Telefon und sprach mit diversen Kunden- und Reparaturdiensten, die über die Belästigung mit diesem Problem etwas verärgert waren, denn ihre Arbeit bestand darin, Termine zu *vereinbaren*, und nicht darin, ihre Zeit mit so unwichtigen Einzelheiten zu verschwenden, ob der Elektriker tatsächlich erscheint oder nicht.

Am nächsten Morgen ging Beth — dies ist leider ein Beispiel der Art von »Drückeberger«-Haltung, die so viele Amerikaner davon abhält, ihr volles Potential, gemessen am Prozentsatz funktionierender Haushaltsgeräte, auszuschöpfen — zur Arbeit. Ich selbst wollte gerade das Haus verlassen, als ich einen Telefonanruf von einem Mann erhielt, der sich als Elektriker zu erkennen gab. Trotz der nicht abhörsicheren Telefonleitung verriet er seinen Plan, noch an *diesem* Tag einen Blick auf den Kühlschrank zu werfen.

»Um wieviel Uhr?« fragte ich, alle Vorsicht außer acht lassend.

»Vor vier Uhr«, sagte er.

Also blieb ich den ganzen Tag zu Hause, abgesehen von fünfzehn Minuten, in denen ich meinen Sohn von der Schule abholte, nachdem ich jedoch zuvor folgende Nachricht an der Tür hinterlassen hatte: *»ELEKTRIKER — BIN SOFORT ZURÜCK.«* Ich schätze, daß der Elektriker als Baum verkleidet das Haus überwachte und sich, als ich hinausging und damit mein Desinteresse bekundete, einem Haushalt mit umsichtigeren Elektrogerätebesitzern zuwandte.

Diese Firma ist kein Einzelfall. Viele kleine und große Unternehmen geben dem Kunden das Gefühl, in der gesamten ökonomischen Hierarchie noch nach einem Misthaufen zu kommen. Unser Haus droht ständig in einen Haufen sinnlos zerbröckelnder Einzelteile zu zerfallen, so daß wir dauernd versuchen, jemanden für Reparaturen zu erreichen. Wir haben gelernt, mit der Tatsache zu leben, daß Handwerker nicht kommen, obwohl sie keine Kosten und Mühen für *Werbung* scheuen, in der sie glattweg behaupten, sie führten Reparaturen durch. Als Hausbesitzer haben wir das Stadium erreicht, in dem es uns fast egal ist, ob Leute tatsächlich arbeiten, solange nur jemand vorbeikommt, wenn er es vorher zugesichert hatte. Es könnte einfach irgendwer kommen, nichts tun und uns erzählen, daß wir ihm 47,50 Dollar schulden, und wir zahlen aus reiner Dankbarkeit.

Ich verrate Ihnen, was amerikanische Firmen wirklich gut können: ihren Kunden vorgaukeln, sie seien ihnen wichtig. Ich denke insbesondere an Fernsehspots. Unsere Elektrofirma hat *hervorragende* Fernsehspots, in denen ungemein freundliches Personal vor zufriedenen Kunden auf allen vieren kriecht. So wie Mr. Supercar von General Motors, der immer lächelt, eine frisch gebügelte Uniform trägt und entzückten Besitzern ihre reparierten Autos übergibt, vor dem Hintergrund einer lächerlich hygienisch reinen Werkstatt voll mit Automechanikern, die selbstverständlich in der Lage sind, Raumfähren zu reparieren. Hat je ein amerikanischer Autobesitzer, egal welcher Marke, tatsächlich eine Reparaturwerkstatt wie diese betreten? Es ist nicht fair, daß Mr. Supercar in Wirklichkeit ein Typ ist, der Ihnen sagt, daß Sie Ihr Auto vielleicht eine Woche nach Ostern abholen können, es sei denn, es stellt sich heraus, daß irgend etwas *nicht* in Ordnung ist, dann müssen Ersatzteile aus dem Ersatzteillager bestellt werden, das wo liegt? In Kurdistan?

Und wenn Sie zu McDonald's oder Burger King oder Wendy's gehen, werden Sie dann normalerweise von singendem und tanzendem Personal begrüßt, das über die Gelegenheit, Sie zu bedienen, in Verzückung gerät? Oder treffen Sie häufiger auf eine ausgesprochen mürrische Bedienung mit einem Job am Hals, für den sie nur den Mindestlohn erhält und auch noch eine bescheuerte Mütze tragen muß?

Ich würde mich nicht anders verhalten. Ich wäre genauso mürrisch, wenn ich bei McDonald's arbeiten müßte. Ich bin *viel* lieber ein Schriftsteller, der dafür bezahlt wird, über das schlechte Personal zu schreiben. Und ich bin sicher, daß die Werbeleute viel lieber Werbespots drehen, in denen Autoreparaturen durchgeführt oder Hamburger verkauft werden, als Jobs zu haben, wo sie diese Arbeiten tatsächlich *selbst* machen müßten. Und jedes Jahr entscheiden sich ungefähr weitere 17 Millionen Amerikaner dafür, lieber Anwalt zu werden und ihre Tage bei Gerichtsverhandlungen zu verbringen, als eine wirklich notwendige Arbeit zu machen. Zu viele Chefs, zu wenige Handarbeiter, das stimmt nicht mit diesem Land. Wir wollen alle managen. Wir wollen alle an Konferenzen teilnehmen und Konzepte entwickeln. Wir sehen auf körperliche Arbeiten herab, die über das Versenden eines Faxes hinausgehen. In diesem

Land kann niemand mehr irgend etwas *machen*. Es gab Zeiten, in denen sich ein normaler Amerikaner mit anderen zusammentun konnte, um an einem Nachmittag eine ganze Scheune zu bauen. Ja! Eine Scheune! Können Sie sich vorstellen, daß normale Amerikaner dazu heute noch in der Lage wären? Unmöglich! Sie würden Wochen mit der Diskussion um die Mitgliedschaft und organisatorische Strukturen des Auswahlkomitees für Scheunenarchitektur verbringen, dessen Mitglieder dann einen langen Streit über das Design für ein Logo auf dem Briefkopf austrügen.

Das Thema würde schließlich zu einer bitteren und langanhaltenden Fehde führen, die vor Gericht endete, die Betroffenen klagten über Depressionen und Angstzustände, und Psychologen würden verkünden, daß diese Leute Opfer einer neuen Krankheit mit der Bezeichnung Scheunenlogo-Kontroversensyndrom bzw. SLKS geworden seien. Das wäre Thema einer einstündigen Fernsehshow im Privatfernsehen, nach der Millionen von Amerikanern entdeckten, daß sie ebenfalls an SLKS leiden, und sie würden Selbsthilfegruppen mit Hot-Line-Telefonnummern und Zwölf-Punkte-Programmen gründen. So funktioniert das im heutigen Amerika. Wir machen alles andere als EINE VERDAMMTE SCHEUNE BAUEN. Alles andere als EINEN VERDAMMTEN HAMMER IN DIE HAND NEHMEN UND EIN STÜCK HOLZ UND

KLATSCH!

Danke, das war nötig. Ich entschuldige mich für den Ausbruch. Ich wollte nur darauf hinaus, daß die

Japaner[6] ihre Arbeit scheinbar mit größerem Eifer ausführen, egal wie minderwertig diese Arbeit ist. In Tokio kamen wir eines Nachmittags an einem Mann vorbei, der auf dem Bürgersteig kniete und eine *städtische Mülltonne reinigte*. Er säuberte sie gründlich mit einem Lappen und einem blauen chemischen Reinigungsmittel. Können Sie sich vorstellen, daß das jemand in Amerika macht? Können Sie sich vorstellen, daß es so einen Job überhaupt *gibt*? Unmöglich! Ich würde diesen Job unter keinen Umständen machen. Und Sie auch nicht. *Niemand* würde so was machen. Es wäre unter *unserer* Würde. Kein Gericht könnte einen überführten Kindermörder zu dieser Arbeit verurteilen, ohne daß Berufung wegen grausamer und ungewöhnlicher Bestrafung eingelegt werden würde. Ökologiegruppen würden behaupten, daß das chemische Reinigungsmittel der Umwelt schadet, und die Regierung würde lange Gutachten darüber anfordern, ob das Reinigen von Mülltonnen eine Bedrohung für verschiedene gefährdete Fliegenarten darstellt. Und diese Gutachten müßten selbstverständlich von Sachverständigengruppen angefertigt werden, die nachweisen können, daß in ihnen der korrekte Prozentsatz jeder erdenklichen Minderheit vertreten ist, einschließlich Norweger, und

KLATSCH!

Entschuldigung. Das kommt nicht wieder vor. Es geht nur darum, daß seit Jahren in langen wissenschaftlichen Artikeln und Büchern nach einer Erklärung gesucht wird, warum uns die Japaner ökono-

6 Thema dieses Buches ist Japan, falls Sie es vergessen haben sollten.

misch weltweit den Rang abgelaufen haben; sobald man dort ist, scheint die Lösung verdammt einfach: *Sie arbeiten härter.* Sie fangen früher mit der Arbeit an, sie arbeiten länger, und viele von ihnen arbeiten am Wochenende. Als wir in Japan waren, wurde in der Öffentlichkeit viel über ein Regierungsprogramm diskutiert, mit dem japanische Arbeiter dazu bewegt werden sollten, ihre Arbeit einzuschränken, falls Sie sich das vorstellen können. Dieses Programm ist offenbar nicht einfach durchzusetzen. Ich wette, daß die betroffenen Arbeiter alle Überstunden machen.

Ich behaupte nicht, daß diese Schufterei besser ist. Ich glaube, daß die Japaner dadurch in einigen Bereichen, wie Musik und Humor,[7] eindeutig ins Hintertreffen geraten sind und ihnen die Fähigkeit abgeht, sich einfach herumzutreiben, wie es viele Amerikaner mühelos jahrzehntelang schaffen. Was ich damit sagen will, ist überaus vermessen in Anbetracht meines unendlich begrenzten Wissens über die japanische Kultur, aber ich sage es dennoch: Ich glaube, daß in Japan das Leben *freudloser* ist als in Amerika. Wenn man Länder mit Charakteren aus Fernsehfilmen vergleichen könnte, wäre Japan Sergeant Joe Friday aus dem alten Schwarzweißfilm *Dragnet,* der einen Anzug trägt, sich für seine Arbeit abschindet und für den nur Fakten zählen. Amerika wäre Norm aus *Cheers*: Er arbeitet auch, aber nur, um sein Bier bezahlen zu können. Sergeant Friday ist pflichtbewußt und zuverlässig, der Grundstein einer Gesellschaft; mit Norm würde man sich gern einfach herumtreiben.[8]

---

7 Mehr über Musik und Humor später.

8 Diese Verallgemeinerungen könnten Sie als ungeheuerlich empfinden. Hart.

Das heißt jedoch nicht, daß Sie nicht dorthin fahren sollten. Fahren Sie. Japan ist faszinierend, und die Taxis sind wirklich sauber. Für Amerikaner ist die Umstellung nicht nur wegen der Verbeugungen schwer. Ein weiterer wesentlicher Punkt ist das Naseputzen: In vielen Reiseführern steht, daß Japaner es abscheulich finden. Sie würden sich genausowenig in der Öffentlichkeit die Nase putzen wie . . . na ja, vergessen wir das. Besonders zuwider ist ihnen der bloße Gedanke, sich in einem Restaurant die Nase zu putzen. (Die Folge ist natürlich, daß Sie in einem japanischen Restaurant an nichts anderes mehr denken können.) Ich kann mir vorstellen, daß der Besuch der Vereinigten Staaten für einen Japaner ein besonderer Genuß ist, wo es zur Gewohnheit, besonders der Männer, gehört, ein großes Taschentuch in aller Öffentlichkeit aus der Hosentasche zu fischen, sich zurückzulehnen und heftig wieder nach vorne zu beugen und unter ohrenbetäubendem Lärm wie ein Pferd zu schnauben; dann wird das Ergebnis kritisch betrachtet, sorgfältig zusammengefaltet und in die Tasche zurückgesteckt, als handele es sich um seltene Edelsteine.

Dabei entbehrt es nicht einer gewissen Ironie, daß Japaner nichts gegen die öffentliche Entfaltung einer anderen körperlichen Regung haben, von der Amerikaner normalerweise Abstand nehmen. An unserem zweiten Abend in Tokio machte mich Beth darauf aufmerksam, als wir den Tagesablauf noch einmal durchgingen.

»Ich habe heute zwei Fürze gehört«, sagte sie.

»Was?« fragte ich. »Ich meine, wo?«

»Auf der Straße, beim Spazierengehen«[9], sagte sie.

---

9 Das heißt, *Beth* ging spazieren. Nicht die Fürze. Nehme ich an.

»Wirklich?«

»Wirklich«, sagte sie. »Man darf hier in aller Öffentlichkeit furzen.«

Beth behauptete, sie habe es in einem Reiseführer gelesen, obwohl es auch ein komischer Versuch ihrerseits gewesen sein könnte, mich dazu zu verleiten, während eines Interviews mit einem Industrieboß aufzustehen und mich damit lächerlich zu machen, die Hose mit einem Furz von Windstärke 10 zu sprengen. Sicherheitshalber behielt ich meine normale Diskretion bei.

Denn ich mußte so unauffällig wie möglich vorgehen, um geheime Informationen für Berichte von großer internationaler Bedeutung zu sammeln, wie zum Beispiel über den Engpaß bei Aalen, auf den ich im nächsten Kapitel zu sprechen kommen werde.[10]

10 Wenn ich es nicht vergesse.

❸

VERLOREN IN TOKIO

Oder: Auf der Suche nach dem Plastik-Tintenfisch

Die schlechte Nachricht möchte ich direkt – und möglichst diskret – loswerden: Tokio ist häßlich. Es sieht aus, als sei es von einer Anti-Charme-Rakete getroffen worden. Tokio hatte das Pech, im Zweiten Weltkrieg total zerstört zu werden, und es mußte komplett wiederaufgebaut werden, in einer Zeit, die die Architektur-Historiker als eine Periode beschreiben, in der alle Gebäude wie öffentliche Parkhäuser aussahen, aber ohne deren Wärme.

Man kann auch nicht gerade von einer sorgfältig geplanten Stadt sprechen. Wohnhäuser stehen direkt neben Fabriken, Fabriken neben Restaurants, Restaurants neben mehrstöckigen Stadtautobahnen, Stadtautobahnen neben Parkanlagen, Parkanlagen neben Lagerhäusern, Lagerhäuser neben Klöstern, Klöster neben Spielhallen, Spielhallen neben Bürohäusern, Bürohäuser neben religiösen Schreinen, religiöse Schreine neben Verkaufsautomaten, Verkaufsautomaten neben Friedhöfen, Friedhöfe neben Bars, Bars neben Schulen, Schulen neben Sex-Comic-Läden[1], Sex-Comic-Läden neben teuren Kaufhäusern, Kaufhäuser neben Krankenhäusern, Krankenhäuser neben Straßenverkäufern, die irgendeine Art Meeres-

1 In Ordnung, das ist sinnvoll.

früchte-Delikatessen feilbieten, die aussehen wie ein in Scheiben geschnittenes Gaumenzäpfchen eines Wals. Und das alles ist *ein* Block.

Und das kilometerlang. Tokio ist riesig. Ungefähr 15 Millionen Menschen leben dort, und nach meiner Schätzung verirren sich zu jedem gegebenen Zeitpunkt 14,7 Millionen. Der Grund dafür ist, daß das Tokioter Straßennetz den Weltrekord in der maximalen Freiluft-Zufallsbebauung hält. Die Straßenkarte von Tokio sieht aus wie das Sammelbecken hyperaktiver Fischköder. Im Grunde genommen verläuft keine einzige Straße von irgendwo nach irgendwo.

Die Spannung wird zusätzlich dadurch erhöht, daß *fast keine dieser Straßen einen Namen hat*. Sie denken, ich scherze, nicht wahr? Oh, Sie wußten es? Egal. Sehen Sie sich eine Karte von Tokio an! Eine Karte in großem Maßstab! Suchen Sie nach den Straßennamen! Es gibt kaum welche. Dies ist eine der größten, belebtesten, wichtigsten Städte der Welt, und *die meisten Straßen haben keinen Namen*. Ha ha! Da hat man SIE — den Besucher — ganz schön reingelegt.

Aber Moment! Noch etwas. Die Numerierung der Gebäude in den Straßen ist heillos durcheinander. Ja! Es kann sein, daß Nummer 17 gleich neben Nummer 341 ist und kilometerweit entfernt von Nummer 342 oder 15.

Die Suche nach einem unbekannten Ziel in Tokio gleicht im wesentlichen einer Schatzsuche von der Hölle aus, insbesondere, wenn man weder Japanisch sprechen noch schreiben kann. Man braucht außerordentlich detaillierte Wegbeschreibungen. »In Ordnung«, lautet die Wegbeschreibung, »wenn Sie bei der Metrostation ankommen, nehmen Sie Ausgang

3A neben der Whisky-Werbung, auf der eine mit einem Roboter tanzende Frau abgebildet ist, und gehen Sie nach der Treppe *links* an einem kleinen Schrein mit einer Buddha-Statue vorbei, die wie ein von Kortison abhängiger Telly Savalas aussieht, dann gehen Sie die Straße hinunter, bis Sie das Spielzeuggeschäft sehen, das in der Auslage Portemonnaies für Mädchen mit Motiven von Fritz the Cat hat, und genau dort ist eine andere kleine Straße, in die Sie links einbiegen müssen, dann gehen Sie auf einen Straßenverkäufer zu, der Gaumenzäpfchen von Walen verkauft, dann gehen Sie . . . «

Und so weiter. Eines Nachts versuchten Beth und ich, mit einer Gruppe von Leuten eine Bar ausfindig zu machen, von der wir gehört hatten. Diese Leute lebten alle in Tokio, und einer von ihnen war Japaner. Es handelte sich um eine bekannte Bar, und wir hatten die Adresse und befanden uns ganz in der Nähe. Wir benötigten ungefähr eine Stunde, um sie zu finden. Wie Agenten, die ein geheimes Treffen verabreden, mußten wir eine Reihe von Telefongesprächen führen, in denen uns der Weg mitgeteilt wurde.

»Wo befinden Sie sich jetzt?« fragten die Leute in der Bar.

»Wir sind an einem grünen Telefon neben einem Zigarettenautomaten«, antworteten wir.

»Sie sind in der Nähe«, sagten die Leute in der Bar. »Rufen Sie noch einmal an, wenn Sie ein gelbes Telefon neben einem parkenden roten Fahrrad sehen.« Undsoweiter.

Taxifahrten in Tokio waren in die Irre führende Abenteuer. Gott allein weiß, woher die Fahrer den Weg kannten, den sie nahmen. Wir fuhren auf einer normalen Straße, dann bog der Fahrer plötzlich in eine dunkle Gasse ein, die ungefähr so breit war wie Peewee Herman, und dann, nachdem wir mehrere Blöcke lang die Fußgänger nur um Haaresbreite verfehlt hatten, drehten wir plötzlich ab auf eine andere Hauptstraße, aber dann, *eeeem*, waren wir wieder in einer Gasse, und OH, NEIN, wir fuhren in ein GEBÄUDE, die TREPPEN hinauf in eine WOHNUNG bittebittebitte langsamer VORSICHT, DIE BADEWANNE!

Ich übertreibe nur leicht. Aber genauso *empfanden* wir es. Das ist keine Kritik an den Taxifahrern, die höflich sind und sehr viel Berufserfahrung besitzen. Viele von ihnen tragen Uniformen, manchmal sogar Handschuhe, und sie halten ihre Autos klinisch rein. Einige von ihnen legen diese kleinen Zierdeckchen auf die Sitze. Sie bilden einen starken Kontrast zu Taxifahrern in New York beispielsweise, wo Dritte-Welt-Soziopathen ihre Taxilizenz erst dann erhalten, wenn die Rücksitze mindestens ein halbes Jahr in der Intensivpflege einer Körpergeruchsklinik waren.

Wir fuhren in Tokio nicht oft mit einem Taxi, denn wir konnten den Taxifahrern unser Ziel nicht erklären. Wir benutzten oft die Metro, die (natürlich) auch sauber und schnell, manchmal aber sehr überfüllt ist. Sie haben zweifellos schon Fotos von japanischen Metroarbeitern gesehen, die Pendler in ein Zugabteil schieben, das bereits sichtbar zum Bersten voll ist. Die Metroarbeiter in den Vereinigten Staaten würden so ein wahnsinniges Kunststück niemals wagen. Sofort würden sich fünfundsiebzig Pendler auf dem Bahnsteig winden und »Körperverletzung!« schreien. Aber Japaner sind weit kooperativer und fügsamer und gruppenorientierter. Die gesamte

Bevölkerung Tokios einigt sich eher darauf, farblich abgestimmte Kleidung zu tragen, als zwei willkürlich ausgewählte Amerikaner auf eine Pizzasorte.

Tatsächlich schien es manchmal so, als *trage* die gesamte Bevölkerung Tokios bereits farblich abgestimmte Kleidung. Alle Männer tragen dunkle Anzüge, weiße Oberhemden und dunkle Krawatten. Alle Frauen tragen konservative Kleider in dunklen Tönen, häufig mit Hüten und Stöckelschuhen. Alle Kinder tragen eine Art von Schuluniform. Wie auf einer Riesenbeerdigung. Wir kleideten uns dort nicht mal besonders lässig, fühlten uns aber trotzdem die ganze Zeit wie Hippie-Touristen. Nicht daß uns jemand was gesagt hätte. Wir hatten nie mit jemandem eine Auseinandersetzung, denn in Japan wird jede offene Meinungsverschiedenheit als unerhört peinlich angesehen. Wir erregten jedoch Aufsehen. Immer wenn ich in der Metro aufblickte, bemerkte ich, daß wir angestarrt wurden, nicht feindselig, sondern offenkundig neugierig, weil wir anders waren, und ich glaube, daß Japaner alles andere faszinierend finden, weil sie in erster Linie dazu erzogen werden, nicht aufzufallen.

Außerdem fiel mir auf, daß sie in dichtem Gedränge dazu neigten, uns gegenüber ein bißchen mehr Abstand zu halten. Ich habe gehört, daß einige Japaner von Ausländern denken, daß sie — da wir gerade von der Körpergeruchsklinik gesprochen haben — schlecht riechen. Es geschah vielleicht ein halbes Dutzend Mal, daß Leute lieber standen, als sich auf einen Platz direkt neben mir zu setzen. Zweimal erhob sich jemand, als ich mich neben ihn setzte, ging einige Meter weg und blieb dort stehen. Nach einiger Zeit ertappte ich mich dabei, daß ich laufend unauffällig an meinen Achselhöhlen roch. Ich zog in Betracht, mir gewisse mit Körperhygiene verbundene Aussagen auf Japanisch anzueignen, um mich in der Metro an Beth wenden zu können und im Plauderton zu sagen: »Na ja, wir sind vielleicht Ausländer, aber wir duschen uns trotzdem jeden Tag.«

Einen Satz dieser Größenordnung hätte ich wahrscheinlich nie lernen können, in Anbetracht der Schwierigkeiten, die ich mit »Vielen Dank« hatte. Die Sprachbarriere in Verbindung mit dem verrückten Straßennetz von Tokio führte dazu, daß wir viel Zeit mit der Suche nach dem richtigen Weg verloren. Ich gab es auf, nach einem bestimmten Weg zu fragen, weil die Menschen mich nie verstanden, sich aber verpflichtet fühlten, mir trotzdem zu helfen. Ganz anders als in einer amerikanischen Großstadt, wo die Leute gleich zur Sache kommen, wenn sie den Weg nicht kennen oder sich belästigt fühlen, und einem mit erfrischender amerikanischer Offenheit den Ratschlag geben, daß man sich am besten selbst ins Knie fickt.

Ich fand heraus, daß ich in Japan einem Fremden mit der Frage nach dem Weg eine schreckliche Last aufbürde. Das erste Mal geschah dies in einem Bahnhof in Tokio, als wir den Informationsschalter der japanischen Eisenbahn suchten. Ich ging auf einen Geschäftsmann mit Aktentasche zu und fragte ihn hoffnungsvoll: »Entschuldigung, sprechen Sie Englisch?« Er sprach kein Englisch, eine Tatsache, die er erkennen ließ, indem er mich außerordentlich verlegen und betreten ansah und mit der Körpersprache die Botschaft vermittelte: »Welch ein *Idiot* ich bin! Ich befinde mich — als Japaner — in Japan und kann nicht mal *Englisch* sprechen! Ich sollte ein Schwert aus meiner Aktentasche ziehen und mir direkt hier im Bahnhof den Bauch aufschlitzen!«

Ich versuchte, mein Problem zu schildern, indem ich »Information« sagte, während ich auf meinen Prospekt der japanischen Eisenbahn deutete, übertrieben mit den Schultern zuckte und einen sehr verwirrten Gesichtsausdruck aufsetzte, der schon an Blödheit grenzte. Er zeigte großes Interesse, nahm den Prospekt und sagte »In-fo-ma-schon«. Er wiederholte dies ein paar Mal und blickte stirnrunzelnd auf den Prospekt. Dann sah er auf und blickte sich eine Weile ratlos im Bahnhof um.

»In-fo-ma-schon«, sagte er noch einmal. Er hatte offensichtlich keine Ahnung, was es bedeutete, aber ich hatte ihn um Hilfe gebeten, und er konnte nicht so ungemein unhöflich sein und mich einfach stehenlassen.

»In-fo-ma-schon«, wiederholte er. Dann ging er einige Schritte, wahrscheinlich um einen Fortschritt anzudeuten, und blickte wieder stirnrunzelnd auf den Prospekt.

»In-fo-ma-schon«, sagte er.

Langsam wurde mir klar, daß dieser Mann wahrscheinlich den ganzen Tag mit mir verbringen würde, vielleicht mehrere Tage, vielleicht würde er lieber seine Arbeit verlieren, als vor dieser Pflicht davonzulaufen. Also nahm ich ihm freundlich den Prospekt aus der Hand und sagte »Vielen Dank! Vielen Dank!«, während ich rückwärts lief und meine Hände ausstreckte, um ihm zu verstehen zu geben, daß er mir nicht folgen muß. Er war ungeheuer erleichtert. Er verbeugte sich heftig vor mir, lächelte, überwältigt von Dankbarkeit, und dachte offenbar: *Welch ein großzügiger Ausländer! Erlaubt mir, die*

Arbeit zu behalten! Und so schlecht roch er auch nicht!

Das war eine typische Erfahrung. Die Japaner waren nicht gerade erpicht darauf, sich mit uns einzulassen, weil sie nur sehr schwer ein Gespräch mit uns führen konnten, aber *wenn* wir sie ansprachen, nahmen sie die Sache ungemein ernst. Wir erkannten, daß es meistens besser war, sich einfach zu verlaufen.

Die Hälfte der Dinge, die wir suchten, fanden wir nie. Wir verbrachten zum Beispiel einen langen Nachmittag in Tokio damit, auf der Suche nach Nachtigallenmist ungefähr 157 Mal um ein und denselben Block zu laufen. Wirklich. Beth hatte in einem Reiseführer, den ich jetzt nicht mehr finden kann, gelesen, daß es in dieser bestimmten Gegend ein Geschäft mit seltenen Kosmetika aus ... Nachtigallenmist gibt. Als kulturell interessierter Forschungsreisender war ich fasziniert[2], also versuchten wir, dieses Geschäft zu finden, aber das japanische Zeichen für Nachtigallenmist sah natürlich nicht so logisch wie dieses aus:

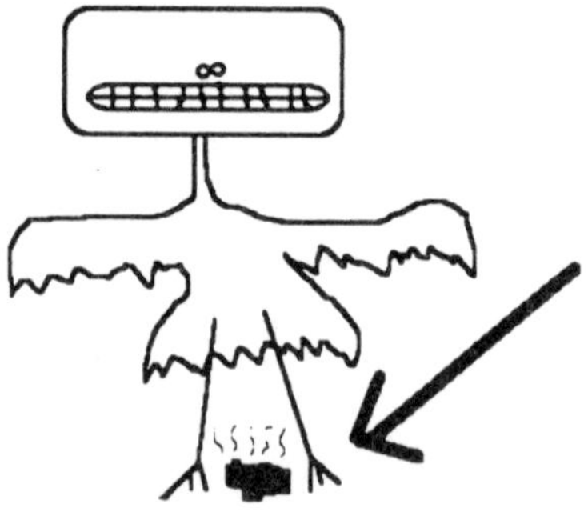

2 Im Sinne von »so was Blödes«.

Wir fanden es nie. Wir machten aber den Bezirk für Plastikgerichte ausfindig. Das war ziemlich einfach. Ich kann mir vorstellen, daß in Tokio die größte Plastikgerichteindustrie ansässig ist, denn viele japanische Restaurants stellen im Fenster Nachbildungen von verschiedenen Vorspeisen, Nachspeisen und Getränken aus. Viele dieser Gerichte sind äußerst detailliert und naturgetreu nachgebildet, was einem Touristen Angst einjagen kann, weil Japaner Dinge mit Augäpfeln oder Saugnäpfen oder anderen abscheulichen, unappetitlichen Organen zu essen pflegen. Diese werden keineswegs verheimlicht. Sie scheinen im Gegenteil ein zugkräftiger *Verkaufsgrund* zu sein. Man geht an dem Schaufenster eines Restaurants vorbei und sieht das Plastikmodell eines ansonsten gutaussehenden Gerichts mit Nudeln, aus denen jedoch ein gefährlicher Greifarm herausragt, ähnlich dem Riesenkraken, der das U-Boot in *20.000 Meilen unter dem Meer* angreift. (Man erwartete fast ein lebensechtes Modell von Kirk Douglas, der sich daran festklammert.)

Tintenfische sind in Japan sehr beliebt. Man kann sie als Belag für eine Domino-Pizza bestellen[3]. Eine weitere beliebte Spezialität mit Greifarmen ist der Oktopus. Man sieht Lebensmittelstände dekoriert mit Cartoons von Mister Happy Octopus, der mit hin- und herschwenkenden Armen freundlich dazu auffordert, ihn aufzuessen. Man kann den Oktopus am Spieß oder als fritiertes Oktopus-Bällchen[4] essen.

---

3 *Natürlich* gibt es Domino-Pizzas in Japan.
4 Der männliche Oktopus hat acht. Wie geschmacklos.

Bei unserem Aufenthalt in Japan waren Aale die große Spezialität. Es war Aalsaison. In allen Schaufensterauslagen wurden — manchmal lebendige — Aale angeboten. Straßenverkäufer grillten in aller Öffentlichkeit Aale am Spieß. Ich war entsetzt, denn jeder vernünftige Mensch muß zugeben, daß Aale nur große, mit Schleim bedeckte, im Wasser lebende Würmer sind. Der einzige Amerikaner, den ich kenne, der freiwillig Aal ißt, ist mein ehemaliger Chefredakteur Gene Weingarten, der zur Entspannung auch auf Gummibändern kaut und einmal wissentlich ein Stück Hundefleisch gegessen hat. Aber die Japaner schlangen Aale herunter, als ginge morgen die Welt unter — bis zu dem Tag, an dem Aale knapp wurden, wie wir aus dem englischsprachigen Kabelprogramm in unserem Hotel erfuhren. Diesem Bericht zufolge essen Japaner 100.000 Tonnen Aal pro Jahr. Um Ihnen eine ungefähre Vorstellung von der Menge zu vermitteln: Wenn Sie in San Francisco beginnen würden, 100.000 Tonnen Aal hintereinander zu reihen, Ihre Hände sähen abscheulich aus.

Als mutige kulinarische Abenteurer experimentierten wir fünfzehn Minuten lang mit allen möglichen japanischen Gerichten, den Rest unserer Reise verbrachten wir mit der Suche nach Kentucky Fried Chicken. Natürlich mußten wir manchmal japanische Speisen bestellen; dann entschieden wir uns für ein Gericht, das einem westlichen am ähnlichsten sah, wie Spaghetti. Man weiß allerdings nie, was man darin findet. Getreidekörner tauchen zum Beispiel überall auf, sogar in Spaghettisaucen, auf Spiegeleiern und in einem Gericht, das ich aß und das angeblich ein Hamburger war. Im Schaufenster eines Restaurants, an dem wir vorbeikamen, war eine riesige, ungefähr fünf Meter lange Getreideähre aus Plastik ausgestellt. Sie nahm das gesamte Schaufenster ein. Ich vermute, daß Japaner Körner gern mögen. Ich vermute, daß die Männer manchmal nach Hause kommen und zu ihren Ehefrauen sagen: »Ich habe heute Lust auf Körner. Gehen wir ins Riesenähren-Restaurant.«

In dem beliebten kleinen Seeort Beppu gingen wir an einem Restaurant vorbei, wo ein Schild auf Englisch verkündete, daß dies »Das liebliche, singende, essende, italienische Tomatenrestaurant« sei. Im Mittelpunkt der Auslage von Plastikspeisen standen Plastikspaghetti mit großen, fast lebensechten, hervorstechenden Krebsscheren, die einem entgegenwinkten. »Hilfe!« schrie Mr. Krebs. »Ich bin in einem Spaghettigericht gefangen.«

Wenn wir kein westlich aussehendes Restaurant fanden, bestand unsere Restaurant-Taktik in der Regel darin, ein Gericht zu bestellen, daß äußerst gründlich verarbeitet und durchgekocht war und dem das natürliche Augapfel-Stadium nicht mehr anzusehen war. Sogar dann konnten wir nie ganz sichergehen. In Kyoto gingen wir eines Abends in ein Restaurant, in dem verschiedene Dinge am Spieß serviert wurden. Wir saßen an einer Theke, während drei Köche um uns herumwirbelten und die Gerichte zubereiteten, und alle drei oder vier Minuten legten sie einen Spieß mit irgend etwas Eßbarem vor uns auf den Tisch. (Nach dem Essen zahlt man einen Betrag, der sich nach der Anzahl der leeren Spieße richtet.)

Die drei Köche sprachen ein wenig Englisch, und immer, wenn sie einen neuen Spieß vor uns hinlegten, teilten sie uns mit, was es war. »KREBS!« sagten sie. Oder: »KARTOFFEL!« Das gefiel uns, weil es interessant war und das Essen gut schmeckte, und als sie ungefähr zum zehnten Mal vorbeikamen und uns die neuen Spieße brachten, biß ich ohne Zögern hinein. Ich kaute bereits auf einer knusprigen Substanz, als die drei zufrieden wirkenden Köche verkündeten: »GRILLE!«

»Igitt«, machte ich und spuckte es aus, wobei ich mich bemühte, nicht genau hinzusehen.

»Du kannst meins haben«, sagte mein Sohn, der den Rest unserer Reise praktisch nichts anderes aß als weißen Reis und Brezeln.

In manchen Restaurants schreien japanische Köche sehr viel. Wenn ein Gast das Restaurant betritt, schreien sie ihm eine Begrüßung entgegen, und wenn er wieder geht, schreien sie mehrmals danke schön. Ich schrie immer danke schön zurück, weil sie im allgemeinen mit Messern herumhantierten. Wir gingen in ein Restaurant, das eine besondere Art von Küche anbot, die *Robatayaki* heißt und bei der die Gäste an einem großen, vollbeladenen Tisch sitzen: alle möglichen Sorten von frischem Gemüse, Fleisch, Fische mit Köpfen, große, furchteinflößende Krebse, die aussehen, als würden sie jeden Moment aufspringen und langsam herüberschreiten, um einen in die Nase zu zwicken, undsoweiter. In der Mitte des Tisches, umgeben vom Essen, knieten zwei Köche mit einem Samurai-Stirnband vor den sehr heißen Küchengeräten. Sobald die Köche die Bestellung erhielten, grabschten sie unverzüglich nach allen möglichen Zutaten, die sie benötigten, attackierten diese mit langen, scharfen Messern, kochten sie superheiß und überreichten sie sofort unter lautem Gebrüll in langstieligen Holzschaufeln.

Mehrere Kellner umkreisten ständig den Tisch, nahmen Bestellungen entgegen (man bestellt verschiedene Gerichte bei *Robatayaki*) und schrien sie den Köchen zu, die ihrerseits brüllten, was manchmal andere Kellner dazu veranlaßte, irgendwas zurückzuschreien. Grundsätzlich kommentierte das Personal die ganze Zeit laut schreiend alles, was mit dem Essen der Gäste zusammenhing. Ich meine alles. Ich bestellte ein zweites Bier[5], und der Kellner schrie etwas, das auf japanisch »ASAHI (eine Biersorte) SUPERHERBES BIER!« heißt, wie mir erklärt wurde. Er rannte davon, um es zu holen, während ein anderer Kellner und die beiden Köche ebenfalls »ASAHI SUPERHERBES BIER!« schrien, damit jeder Bescheid wußte. Das gleiche spielte sich ab, als ich um ein Glas Wasser bat. Ich fragte lieber nicht, wo die Toilette ist. (»ER GEHT ZUR TOILETTE!«)

Ich würde andere Kulturen bestimmt nicht verurteilen, aber in gewissen Bereichen, die mit Nahrung zusammenhängen, sind die Japaner schlichtweg geisteskrank. Das Essen von *lebenden Fischen* war eine neue Leidenschaft der Japaner, als wir dort waren. Ich käme nie auf den Gedanken, so etwas zu tun, es sei denn, ich wollte unbedingt in diesen inneren Kreis aufgenommen werden. Aber Berichten zufolge zahlten die Leute in den Tokioter Restaurants eine Menge Geld für lebende, zuckende Fische. Der Kellner bringt, noch zuckend,[6] den Fisch und nimmt ihn schnell am Tisch aus; danach soll man den Fisch essen, während er einen mit seinen Augäpfeln und

5 In diesem Buch wird das Thema Bier wiederholt literarisch behandelt.

6 Das heißt, der Fisch zuckt, obwohl der Kellner das vermutlich auch könnte.

einem Gesichtsausdruck ansieht, als wolle er sagen: »Mach voran, laß es dir schmecken! Stör dich nicht an mir! Ich bin so gut wie tot!«

Und das ist nicht einmal die sonderbarste kulinarische Aktivität, der sich Japaner hingeben. Es gibt auch *Fugu*. Das ist eine Art von Kugelfisch, den die Japaner roh essen. Soweit überrascht Sie dies nicht. Sie sagen: »Tolle Sache, Japaner essen jede Menge rohen Fisch.« Gut, Ihnen ist aber offenbar nicht bewußt, Herr oder Frau Schlaumeier, daß *Fugu* ein *tödliches Gift* enthält. Die Leber der männlichen und die Eierstöcke der weiblichen Fische enthalten eine der giftigsten Substanzen, die in der Natur vorkommen und für die es kein Gegenmittel gibt, was bedeutet, daß Ihr *Fugu* absolut korrekt zubereitet werden muß, indem *alle* gefährlichen Organe entfernt werden; sonst wird der Kugelfisch zu Ihrem Verhängnis und Sie begegnen dem Großen Maître d'en Himmel.

Es handelte sich eindeutig um einen Fisch, der in Teufels Namen im Wasser bleiben sollte, so wie die Natur es vorsieht, aber für Japaner ist er eine große Delikatesse. Sie essen ihn jedes Jahr tonnenweise. Sie geben Hunderte von Dollar dafür aus. Und jedes Jahr sterben mehrere Menschen, weil ihr *Fugu* falsch zubereitet war.

Wahrscheinlich ist es nicht so beängstigend, wenn man *Fugu* ißt,[7] der von einem zuverlässigen, erfahrenen Koch zubereitet wird, aber stellen Sie sich vor, Sie sind bei jemandem zum Essen eingeladen und der Gastgeber entscheidet sich, alle Register zu ziehen und Ihnen einen besonderen Schmaus vorzusetzen?

---

7 Ich sagte »man«. Ich selbst würde es nie tun.

GASTGEBERIN: Rate mal?
SIE: Was?
GASTGEBERIN: Roger macht *Fugu*!
SIE: WAS?
ROGER *(der eindeutig schon ein paar Gläser intus hat, ruft aus der Küche)*: Ja! Ich habe ihn heute in einem kleinen Geschäft direkt neben dem Stand mit den Gaumenzäpfchen von Walen entdeckt! *(Er wedelt mit einem Kugelfisch, der von einer gräßlichen, grünlich-schwarzen Farbe ist und vor Wut keucht.)* Ich werde ihn jetzt zubereiten!
SIE: Ich möchte nicht, daß ihr euch so viel Umstände macht. Vielleicht sollten wir einfach nur ...
ROGER *(fängt an, den Fisch mit einem Messer zu bearbeiten)*: Blödsinn! Das nimmt nur eine Sekunde in Anspruch!
GASTGEBERIN: Roger kocht so gern.
ROGER *(hält einen Teil des Fisches hoch)*: Liebling, sieht das wie ein Eierstock aus?

Eine für Japan sehr nützliche Redewendung sollte in jeden Reiseführer aufgenommen werden: »Kann man an diesem Fisch sterben, wenn er falsch zubereitet wird?« Natürlich wünscht man sich in vielen japanischen Restaurants, einen falsch zubereiteten Kugelfisch gegessen zu haben, nachdem man einen Blick auf die Rechnung geworfen hat, denn die Preise sind, vor allem in Tokio, extrem hoch. Ich kann nur immer wieder betonen, wie wichtig es war, daß Random House für alles aufkam. Trotzdem habe ich Grenzen gesetzt. Zum Beispiel verschenkte ich keine Melonen. Japaner schätzen Melonen sehr, und wir haben in einigen exklusiven Kaufhäusern Geschenkmelonen zum Preis von 75 Dollar aufwärts das Stück gesehen.

Die Melonen sahen sehr hübsch aus, in kleinen Holzkästen verpackt, aber dennoch: 75 Dollar für eine Melone?

Uns wurde erzählt, daß Japaner sehr gern Geschenke machen, und die Absicht hinter der Melone ist, daß der Empfänger das Geschenk zu würdigen weiß, da er oder sie den Preis kennt. Überreicht man jedoch in Japan ein Geschenk, so verlangt es die Etikette, den Wert herabzusetzen. »Diese Melone stellt nichts dar«, würde man sagen. Oder: »Welch eine klägliche Melone als Geschenk!« Wir Amerikaner überreichten eine 75-Dollar-Melone natürlich ganz anders. Wenn wir jemandem so eine Melone schenkten, so würden wir in dem Moment, wo er sie auspackt, mit dem Zeigefinger auf seine Brust hämmern und sagen: »Hast du eine Vorstellung, wie *teuer* die Melone war?« Wir würden es nie vergessen. »Hallo!« würden wir sagen, wenn wir uns Jahre später auf irgendwelchen Partys den Leuten selbst vorstellen. »Ich heiße Bob. Ich hab' mal jemandem eine 75-Dollar-Melone geschenkt.«

TIP ZUM REICHWERDEN: *Mit gentechnischen Mitteln eine Melone mit einer schwarzen Witwenspinne kreuzen und so eine neue Melonensorte züchten, die zum Tode führt, sobald sie falsch zubereitet wird. Das wäre ein GROSSER Verkaufsschlager in Japan.*

Wir gaben tatsächlich Geld für Plastikgerichte aus, die im Plastikgerichtebezirk verkauft werden, über den ich schon vor einigen hundert Seiten schreiben wollte, wie Sie sich vielleicht erinnern. Ich weiß den japanischen Namen für den Bezirk nicht mehr, und ich habe keine Ahnung, wie man dort hin kommt, Sie müssen also einfach jemanden fragen.[8] Der Besuch lohnt sich. Es gibt dort einige Geschäfte, die große Plastikgerichte in ihren Schaufenstern ausstellen, auch einige größere Greifarme. Ich bewunderte gerade einen, als ich bemerkte, daß Beth tatsächlich ein Plastikgericht *kaufte*.

»Warum kaufst du ein Plastikgericht?« fragte ich sie gelassen. Sie antwortete, und ich möchte betonen, daß dies ein echtes Zitat ist: »Weil sie so eine gewaltige Auswahl haben.«

Plastikgerichte sind natürlich nur *eine* Attraktion in Tokio. Es gibt ebenfalls den berühmten Ginza-Bezirk mit exklusiven Kaufhäusern, die erlesene Geschenkmelonen ebenso anbieten wie sündhaft teure Designerklamotten, Uhren, Schmuck und andere Luxusartikel, nach denen Japaner verrückt sind. Mir wurde erzählt, daß ein wichtiger Grund, warum Japaner so viel Geld für Luxusartikel ausgeben, darin liegt, daß sie erst gar nicht für ein eigenes Haus sparen, denn Grundstücke in und um Tokio sind lächerlich teuer. Die meisten Familien leben in Wohnungen, deren gesamte Fläche ungefähr so groß ist wie der Bereich, den eine amerikanische Durchschnittsfamilie für die Lagerung von Küchengeräten benötigt. Das Leben dort besteht also nicht nur aus Luxus. Sie leben wie Legehennen in einem Stall und müssen Beerdigungssachen tragen und werden von Metroarbeitern in überfüllte Züge gequetscht und

8 Es ist nicht weit von dem Geschäft entfernt, in dem Nachtigallenmist verkauft wird, falls Ihnen das weiterhilft.

würdigen ihre Geschenke herab und essen gegrillte, im Wasser lebende Würmer.

Aber das japanische Leben in einer Großstadt weist auch positive Aspekte auf, deren bedeutendste sind:

1. eine sehr niedrige Verbrechensrate
2. Kultur
3. Bier in Verkaufsautomaten.

Im nächsten Kapitel, in dem wir das Nachtleben von Tokio erforschen und die japanische Gesellschaft mit Hilfe eines Ereignisses aus dem Jahr 1964 analysieren, als Lanny Watts und ich auf dem Rasen vor dem Haus des Hauptkommissars landeten, werden diese Aspekte ausführlich behandelt.

4

DIE TRADITIONELLEN JAPANISCHEN KÜNSTE

Oder: Wie ich eine Großmutter heiratete

Nachdem wir einige Tage in Tokio waren, wollten wir ein tiefgreifendes Verständnis für die traditionellen japanischen Künste entwickeln und beschlossen, eine Stadtbesichtigung bei Nacht mit dem Hato-Tourenbus zu machen. Der Gedanke, Tokio bei Nacht zu erkunden, beunruhigte uns überhaupt nicht, denn wir waren einerseits von einem dichten, schützenden Haufen Reisegenossen umgeben, und andererseits ist die Verbrechensrate in Japan sehr niedrig, wenn man von der Tatsache absieht, daß ungefähr alle fünfzehn Minuten das gesamte Kabinett wegen Bestechung auffliegt.

In Japan gibt es tatsächlich Skandale auf hoher Ebene, die Straßenkriminalität hingegen ist sehr gering. Sie wären erstaunt darüber, was man in Japan als Verbrechen ansieht. Ich fand eines Tages in Tokio eine englischsprachige Zeitung mit dem Titel *Asahi Evening News,* die ein großes Foto und einen Artikel über — wie schrecklich — *Graffiti an Laternenpfählen* brachte. Ja. Jemand trieb sich in der Stadt Nagoya herum und schrieb »Sagi Nomura« auf Laternenpfähle. »Sagi« bedeutet »Betrüger«. Der Graffiti-Künstler kommentierte so den japanischen Skandal *du jour,* in dem es um das Eingeständnis des riesigen Versicherungsunternehmens Nomura ging, nur seine großen Kunden – nicht die kleinen – für Aktienverluste entschädigt zu haben. In dem Artikel stand:

»Auf mindestens 29 Laternen- und Verkehrsschilderpfähle im Geschäftsbezirk der Stadt wurden solche Graffiti gemalt, die sich gegen Versicherungsgesellschaften richten und vermutlich von einer einzigen Person stammen. Es wurde Kreide in verschiedenen Farben, einschließlich weiß, rot und gelb, verwendet.«

Eine Verbrechenswelle japanischer Art. Terror verbreitete sich in der Stadt. Ein mysteriöser Feind befand sich irgendwo dort draußen, lungerte in den Straßen herum und *war mit Kreide in verschiedenen Farben* bewaffnet. Dieser Vorfall wurde aus irgendeinem Grund nicht in den amerikanischen Medien veröffentlicht, wahrscheinlich waren zu dieser Zeit die Nachrichtenagenturen zu sehr damit beschäftigt, die Zahl der Köpfe, die in Jeffrey Dahmers Kühlschrank gefunden wurden, auf den neuesten Stand zu bringen und die Öffentlichkeit darüber zu informieren.

In Japan werden Regeln befolgt. Mehr als einmal sah ich spät nachts in Tokio einsame Fußgänger an Straßenkreuzungen, die geduldig auf Grün warteten, um auf legale Weise die Straße zu überqueren, obwohl kein einziges Auto in Sicht war. In jeder Stadt sahen wir überall unbeaufsichtigte Fahrräder, die nicht abgeschlossen waren. Die Menschen dort denken einfach nicht an Diebstahl. In Kyoto verbrachten wir mehrere Tage mit dem großartigen Reiseleiter Kunio Kadowaki, der so gut wie nie seinen Wohnwagen abschloß, obwohl sich darin ein Fernseher, ein Videorecorder, ein Telefon und weitere teure elektronische Geräte befanden. Ich erzählte ihm, daß es in amerikanischen Städten üblich sei, das Radio auszubauen, bevor man aus dem Auto steigt.

»Ha! Ha!«[1] lachte er. »Das ist lustig!«

Nach Kunios Erläuterungen wird in Japan nicht gestohlen, weil die soziale und ökonomische Bestrafung für jedes unangepaßte Verhalten außerordentlich hoch ist.

»In Japan sind alle Menschen einer Abstammung, und wir haben nur eine Zeitzone«, erklärte er. »Von jedem wird das gleiche Verhalten erwartet. Alle müssen sich anpassen. Das Verhalten der Japaner ist immer berechenbar.«

Ich fragte ihn, wie die Japaner die Amerikaner sähen.

Er lachte. »Alle Amerikaner sind unberechenbar«, sagte er.

In Japan, so erklärte er weiter, darf man einfach kein krummes Ding drehen. Wenn ein japanischer Junge ein Fahrrad klauen würde, wären die Eltern entsetzter und beschämter, als es sich jemand aus dem Westen auch nur vorstellen kann; sie würden zum Bestohlenen eilen, Geschenke mitbringen und überschwenglich um Verzeihung bitten, denn sollte der Bestohlene Anzeige erstatten, würde sich keine gute Schule mehr bereit erklären, den Jungen aufzunehmen, und er könnte aus diesem Grund nie einen guten Arbeitsplatz finden. Seine Zukunft wäre wegen eines Fahrrads zerstört.

»Hat man in Japan erst einmal einen Fleck auf seiner weißen Weste, so existiert er ein Leben lang«,

1 Kunio ist der einzige Mensch, den ich jemals traf, der tatsächlich »Ha! Ha!« sagt, wenn er lacht. Genau wie es in Büchern steht.

sagte Kunio. »Sobald eine Zeitung über die Sache schreibt, ist das Leben des Jungen so gut wie verpfuscht.«

Ich bin froh, daß wir in den Vereinigten Staaten nicht so streng sind, weil mein Leben einige Male verpfuscht gewesen wäre, bevor ich die Highschool verließ. Ich denke besonders an einen Abend im Herbst 1964 in Armonk, New York, als Carmine Labriola, dessen Eltern nicht in der Stadt waren,[2] jeden Teenager auf dem amerikanischen Kontinent zu einer eleganten und geschmackvollen Party einlud (Motto: »Wir bekotzen unsere eigenen Schuhe«). Mein Freund Lanny Watts und ich gingen zu der Party und versuchten dann, nach Hause zu finden, indem wir unsere sechs funktionierenden Gehirnzellen als navigatorische Hilfe benutzten. Hier ist eine einfache Skizze von Armonk zu jener Zeit:

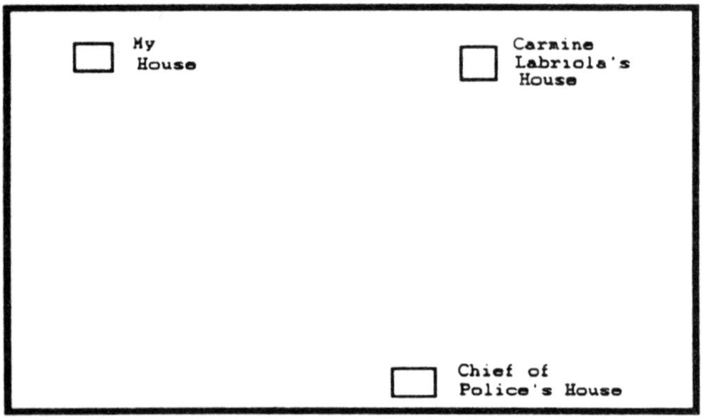

Unnötig zu erwähnen, daß Lanny und ich den folgenden Weg wählten:

2 Und man kann nur für sie hoffen, daß sie nicht zurückkamen.

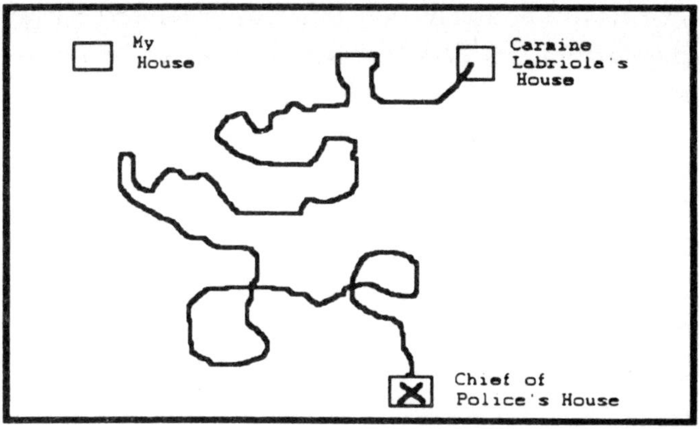

Das stimmt: Wir schafften es, von allen Häusern in Armonk, New York, das Haus von Hauptkommissar John Hergenhan anzusteuern, wo wir die weise Entscheidung trafen, uns auf dem Rasen niederzulassen, uns zu übergeben und schlafen zu legen. Damit waren wir auch gerade beschäftigt, als der Kommissar uns mit der fortschrittlichen kriminologischen Technik des Spähens aus dem Fenster erblickte.

Diese Leistung brachte uns in die Zeitung. Zwar wurden wir als »betrunkene Jugendliche« betitelt, dennoch wußte jeder, daß wir gemeint waren. Wir waren berühmt.

»Stimmt das wirklich?« wurden wir immer wieder gefragt. »Ihr seid zwei Kilometer gelaufen, nur um auf dem *Rasen vorm Haus des Hauptkommissars* schlappzumachen?«

Meine Eltern waren ganz und gar nicht glücklich darüber, aber ich bekam keinen größeren, langanhaltenden Ärger. Es war nur einer von vielen Schuljungenstreichen,[3] in die ich hineinschlitterte, weil ich

3 Wie mit der Warnleuchte in dem Restaurant, aber ich möchte betonen, daß alle Anschuldigungen fallengelassen wurden.

jung und dumm war, von denen aber keiner Einfluß hatte auf meine College-Ausbildung und die erfolgreiche Laufbahn auf dem Gebiet des harten, anspruchsvollen und hochangesehenen Lausige-Witze-Reißens. In Japan dagegen wären die meisten meiner Freunde und ich — und wahrscheinlich auch Sie und *Ihre* Freunde — als kriminelle, unberechenbare Außenseiter betrachtet und aus der Gesellschaft ausgeschlossen worden.

Die Japaner unterwerfen sich in der Regel der Gemeinschaft. Aber nicht unbedingt, weil sie es wollen; sie müssen. Kunio Kadowaki erzählte: »Die japanische Gesellschaft läßt keine Wahl zu.« Das ist im wesentlichen der Leitgedanke des faszinierenden, aber auch kritisierten Buches *Vom Mythos der Unbesiegbaren* des holländischen Journalisten Karel van Wolferen, das viel Aufsehen erregte und das ich Ihnen sehr empfehlen kann, wenn Sie ein Buch über Japan von einem Autor lesen möchten, der weiß, wovon er schreibt.[4] Van Wolferen behauptet, daß die in westlichen Ländern weit verbreitete Vorstellung über Japaner — sie seien aufgrund der Ähnlichkeit der Art und der Kultur von Natur aus fügsam und gruppenorientiert und hätten deshalb keine Individualität — Mist ist. Er schreibt:

»Ich glaube, daß die Japaner Individuen sind — alle 120 Millionen. Nicht alle wollen ihre Individualität vielleicht durchsetzen; die meisten tun es nicht, weil sie so konditioniert worden sind. Doch ich habe eine ganze Reihe kennengelernt, die als Einzelpersonen behandelt werden wollen statt als ununterscheidbare Mitglieder einer Gruppe. Diese unabhängigen

4 Im Gegensatz zu diesem Buch, zum Beispiel.

Denker sind besorgt. In vielen Fällen haben sie sich in die private Welt ihres eigenen Denkens zurückgezogen. Die japanische Kultur beinhaltet eine riesige, unverbundene und unerforschte Inselgruppe solcher Privatwelten. Individualistische Japaner sind allgemein unpolitisch, denn sie würden sich ständig die Finger verbrennen, wenn sie die existierenden Machtverhältnisse herausforderten. Doch sie sind Japaner, trotz ihrer Weigerung, Konformisten zu sein.«

Trotz der angeblichen Umwandlung in eine moderne Gesellschaft, so van Wolferen, ist Japan weiterhin ein stark unterdrücktes Land, dessen demokratische Zentralregierung zum größten Teil Fassade ist, die tatsächliche Macht wird jedoch schon seit Jahrhunderten von dem »System«, wie er es nennt, ausgeübt: einem komplizierten Gefüge halbautonomer, nichtgewählter Gruppen, von denen jede einzelne einige Bereiche des japanischen Lebens streng kontrolliert. Die an der Macht behaupten, daß das System lediglich die kulturelle Vorliebe des japanischen Volkes für Konformität widerspiegelt; die Menschen werden jedoch nie gefragt. Man erwartet von ihnen, still und fügsam zu sein, und Außenseiter werden hart bestraft. Hin und wieder, wenn sich jemand aus dem System zu gierig und dumm verhält, gibt es einen Skandal auf hoher Ebene, jeder reagiert bestürzt, und einige kosmetische Reformen werden vorgenommen. Aber das System bleibt bestehen.

»Heute«, schreibt van Wolferen, »gehören den mächtigsten Gruppierungen bestimmte Ministerialbeamte, einige politische Cliquen sowie Zusammenschlüsse von Geschäftsleuten und Bürokraten an. Es gibt viele kleinere Gruppierungen, etwa die Landschaftskooperativen, die Polizei, die Presse und die Gangster.«

Oh ja – das stimmt: In Japan gibt es Gangster. Die Banden heißen Yakuza und sind innerhalb des Systems für Erpressung, Zinswucher und Prostitution zuständig. Solange sie keine Waffen tragen, Drogen verkaufen oder unschuldige Bürger belästigen, läßt die Polizei sie weitgehend in Ruhe. Die Yakuza ist ungefähr so geheim wie die amerikanische Football-Liga. Jeder kennt ihre Mitglieder. Viele von ihnen haben große Tätowierungen und abgehackte Fingerglieder, um ihre Loyalität oder irgendeine andere bedeutende Gangstereigenschaft zu demonstrieren. Auch sind sie die einzigen Männer in Japan, die Zweireiher, weiße Krawatten und Sonnenbrillen tragen.

»Hallo!« schreit ihre Aufmachung. »Wir sind Gangster!«

Van Wolferen schreibt weiter, daß die Yakuza »in größeren Städten öffentlich Geschäftsräume unterhält – mit Gangsteremblemen verziert.« Eine Bande gibt sogar eine interne Zeitschrift heraus, mit Informationen über inhaftierte Mitglieder und hilfreichen Hinweisen für ein insgesamt besseres Gangsterleben.

Die Yakuza ist eine der beiden einzigen großen japanischen Gruppen, die große amerikanische Autos fahren (die andere Gruppe besteht aus, fragen Sie mich nicht, warum, Zahnärzten). Ich bin der Ansicht, daß amerikanische Autohändler diesen Markt durch aggressive Werbekampagnen erschließen sollten, sobald wir unser Handelsdefizit gegenüber Japan ausgeglichen haben:

CADILLAC ...
»Für den anspruchsvollen Mann, der sich das Ende des kleinen Fingers abhackt.«

Der springende Punkt ist, daß in Japan sogar die Kriminalität in geordneten Bahnen verläuft, und der normale Bürger sich kaum vor Gewalttaten fürchten muß. Sein Leben ist zwar eingeschränkt, aber die Straßen sind sicher. In Tokio fahren alte Damen nachts allein mit der Metro und machen keinerlei Anstrengung, ihr Geld oder ihre Einkaufstaschen besonders zu schützen. Stellen Sie sich vor, sie würden sich so verrückt in New York verhalten. Innerhalb von Nanosekunden würden sie überfallen. Eine kurze Unruhe und die Diebe sind längst wieder verschwunden — von den Mitfahrern unbemerkt, denn sie alle sind damit beschäftigt, die Werbung in der Metro für ein Mittel gegen genitale Warzen zu lesen, und wissen genau, daß *ihre* Habe, die sie zuvor mit einem Stahlkabel direkt am Skelett befestigt hatten, noch an ihren Körpern hängt. Die alten Damen bleiben splitternackt zurück. Wahrscheinlich gibt man ihnen die Schuld für den Diebstahl, weil sie es den Dieben so einfach gemacht haben. Vielleicht werden sie verhaftet und wegen anstößigen Verhaltens in der Öffentlichkeit oder wegen leichtsinnigen Verhaltens in der Metro angezeigt.

Aber in Japan sind Sie sicher, und auch wir fühlten uns sicher, abgesehen von der Nacht, in der unser Sohn träumte, daß Tokio von Godzilla überfallen wird, und wir nachts um halb drei aufstehen und durch die Hotelvorhänge spähen mußten, um sicherzustellen, daß die Stadt noch intakt war. Das war der einzige Moment in Japan, in dem wir um unsere körperliche Sicherheit bangten. Wir zögerten somit nicht, nachts eine Stadtbesichtigung mit dem Hato-Tourenbus zu machen.[5]

Ungefähr zwei Dutzend Touristen schlossen sich uns an. Als wir durch Tokio fuhren, nahm unser Reiseleiter, Herr Sato, das Mikrofon in die Hand und stimmte uns mit einem kleinen, spontanen Witz auf den großen Abend ein.

»Unser Fahrer ist sehr gut«, sagte er. »Es gibt keine schlechten Fahrer in Tokio. Alle schlechten Fahrer sind tot.« (*Pause für einen Lacher.*)

Nachdem wir in einem Restaurant gegessen hatten, ging es weiter zu unserer ersten kulturellen Station des Tokioter Nachtlebens, in das berühmte Kabukiza-Theater, wo wir uns ein Kabuki-Stück ansahen. Das heißt nur einen Teil davon. Ich habe hier einen Reiseführer, in dem unmißverständlich steht, daß Kabuki »das Höchste an künstlerischer Perfektion« und ein »unvergeßliches Erlebnis« sei, woraus ich schließen muß, daß das Problem an diesem speziellen Abend bei mir lag.

Zunächst sollte ich erklären, daß ich noch nie ein großer Anhänger irgendeiner Form der klassischen, darstellenden Kunst war. Opern zum Beispiel langweilen mich zu Tode. Die einzige Ballettaufführung, die mir gefiel, sah ich einmal auf einer Bühne im Freien, wo statt eines Vorhangs eine große Hecke stand, hinter der die Tänzer untertauchen konnten. Als die Vorstellung den Höhepunkt erreichte, wurde die Primaballerina von einem Tänzer angehoben, der

5 Sie können Ihre Gesäßmuskeln jetzt entspannen. Wir sind wieder beim eigentlichen Thema dieses Kapitels.

sie vermutlich leichtfüßig von der Bühne tragen sollte. Er hatte jedoch Mühe, sie oben zu halten, ihr Ballettröckchen blockierte ihm außerdem die Sicht, so daß er einen Satz nach vorn machte und mit Volldampf die Hecke rammte. Er richtete sich wieder auf, änderte leicht die Richtung und rannte nochmal mit der Ballerina in die Hecke, bevor er es schließlich schaffte, von der Bühne zu wanken, wobei die Kostüme beider Künstler mit Astwerk behangen waren. Ich war zu Tränen gerührt.

Was die klassischen Künste betrifft, so bin ich im wesentlichen ein ungebildeter, unbedarfter, banausischer Neandertaler. Vermutlich deshalb entblöße ich meine intellektuellen Grenzen und kulturelle Kurzsichtigkeit, wenn ich Ihnen erzähle, daß Kabuki die blödeste Sache ist, die ich je auf einer Bühne erlebte, und ich habe schon mal einen Mann gesehen, der mit zwei Hühnern *und* einem Geburtstagskuchen jonglierte.

Erstens trugen sämtliche Darsteller Kostüme, in denen sie wie John Belushi in *Saturday Night Live* aussahen, wo er den Samurai in einem Delikatessen-Geschäft spielt; allerdings hatten sie lustigere Frisuren. Zweitens spielte ein Mann die Rolle der Hauptdarstellerin, denn alle Kabuki-Darsteller sind männlich. Aus den Programmhinweisen erfuhren wir, daß er ein berühmter Kabuki-Künstler ist und über außerordentliche Erfahrung in der Darstellung von weiblichen Charakteren verfügt, denn er hat die subtile Gestik und die stimmlichen Nuancen über Generationen hinweg perfektioniert. Mit ungeschultem westlichem Auge glich er allerdings einem Mann mit einem Vierjahresvorrat an weißem Makeup,[6] der auf

6 Wahrscheinlich aus Nachtigallenmist.

der Bühne hin und her tänzelte und dabei wimmerte. Wie Belushi in der Rolle eines wimmernden Transvestitensamurai.

Genau genommen wurde sehr viel gewimmert. Vom Anfang bis zum Ende geschah sonst nicht viel. Kabuki hat das gleiche dramaturgische Tempo wie der Bau einer Brücke. Wenn ein Stück *zehn Stunden* dauert, ist das überhaupt nicht ungewöhnlich. Dabei ist zu bedenken, daß eine Stunde Kabuki so ist, als verbringe man siebzehn Stunden mit einer angenehmeren Tätigkeit, zum Beispiel mit einer Augenoperation.

Hin und wieder rief ein Zuschauer etwas in den Saal hinein. Das gehört auch zur Kabuki-Tradition; bei Schlüsselszenen rufen Zuschauer, die manchmal von den Darstellern bezahlt werden, den Familiennamen eines Darstellers oder Lobesworte.[7] Unser Reiseleiter, Herr Sato, hatte uns darauf hingewiesen, daß dieses Zurufen auf eine bestimmte traditionelle Weise geschieht und daß wir es nicht versuchen sollten. Ein gutgemeinter Ratschlag — obwohl ich nicht sicher bin, was ich gerufen hätte. Vielleicht etwas wie »HÜBSCHER HAARSCHNITT« oder »BITTE HINAUSSTOLZIEREN«.

Am blödesten war allerdings die Handlung. Über kleine Radios mit Kopfhörern konnten wir in englischer Sprache verfolgen, worüber die Darsteller wimmerten. Wir sahen uns das Stück eine Stunde lang an, und hier ist nach meinen Aufzeichnungen

7 Laut Reiseführer könnte ein Zuschauer zum Beispiel rufen: »Darauf habe ich mich schon gefreut!« Wirklich.

Jeder ist aufgeregt und wimmert, weil ein heiliges Räucherfaß verlorengegangen ist. Und weil ein kleiner Junge blind ist. Die Heldin ist *äußerst* aufgeregt, denn sie muß ihren Körper in einem Bordell verkaufen, damit sie eine Salbe für die Behandlung des Hüftleidens ihres Freundes kaufen kann.[8]

In der Zwischenzeit liegen einige Meuchelmörder auf der Lauer.

An diesem Punkt könnte man erwarten, daß jeder einige Minuten innehält, um sich in Erinnerung zu rufen, wie Vögel singen, wenn sie allein sind.

Jetzt erscheint der Junge auf der Bühne. »Er ist blind«, informiert uns der Übersetzer, »und verdient sein Geld als Masseur.«

Der Junge, von einem Jungen gespielt und offensichtlich für die Rolle ausgesucht, weil er über einen langen Zeitraum in ungewöhnlich hoher Stimmlage wimmern kann, fragt — und warum auch nicht? —, ob seine Holzpantinen irgendwo herumliegen. Darüber wimmert jeder gut drei Minuten lang (oder 51 Minuten in AOZ, Augenoperationszeit).

Jetzt verschwindet die Heldin, um ihren Körper im Bordell zu verkaufen, in dem offensichtlich eine große Nachfrage nach Frauen besteht, die aussehen wie John Belushi. Dann erscheinen die Meuchelmörder wieder, und auf der Bühne findet ein Kampf mit Schwertern statt, so unrealistisch, wie ihn die Welt noch nicht gesehen hat.

8 Ich schwöre, ich erfinde diese Handlung nicht.

Dann gehen die Meuchelmörder von der Bühne, die Heldin kommt zurück, und jeder hockt herum und wimmert eine Zeitlang. Der Mann, der am meisten gewimmert hat – ich glaube, es ist der Mann, der das heilige Räucherfaß verloren hat –, verkündet blitzschnell (damit meine ich, in nur fünf Minuten), daß er Selbstmord begehen wird. Er sticht sich selbst in die Eingeweide und löst damit eine Welle der Hoffnung im Publikum aus, weil das Stück sich scheinbar dem Ende nähert.

Aber nein. Wenn man *vorher* schon dachte, dieser Mann könnte wimmern, sollte man ihn nun hören, als er sich erstach. Er kniet in der Mitte der Bühne, hält seine Eingeweide und kreischt fünfzehn Minuten lang das Publikum an. In der Zwischenzeit tauchen andere Leute auf und kommentieren langatmig die tragische Situation. Wie wahr. Und niemand *unternimmt* etwas, ruft zum Beispiel die paramedizinische Samurai-Einheit. Sie wimmern einfach nur, wobei das Opfer den größten Lärm macht.

»JEMAND MUSS NOCH EINMAL ZUSTECHEN!« hätte ich gerufen, wenn ich gewußt hätte, wie man das auf japanisch sagt.

Schließlich stirbt er, wahrscheinlich als Folge seiner übertriebenen Darbietung, und ein anderer Typ verkündet, daß er sich auf den Weg machen wird, das Räucherfaß zu suchen; jeder ist glücklich, und vor allem wir kulturell kurzsichtigen Touristen rennen aus dem Theater in die Sicherheit der Tokioter Nacht.

Wir stiegen wieder in den Bus und fuhren zu einem Geishahaus, wo wir, wie Herr Sato uns erklärte, einer authentischen Geishazeremonie beiwohnen würden, von authentischen, professionellen Geishas gestaltet. Er erzählte, daß es eine aussterbende Kunstform ist, denn die jungen Frauen wollen heute nicht mehr im Geishabereich tätig sein, was ich gut verstehen kann. Bevor man eine Geisha wird, muß man nämlich jahrelang lernen, traditionelle Lieder zu singen, Blumen auf traditionelle Weise zu binden und die Teezubereitung und das Teetrinken zu zelebrieren, was so alt und traditionell und insgesamt langsam ist, daß einem ein Kabuki-Theaterstück vorkommt wie ein Madonna-Konzert. Es ist keiner der modernen, schnellebigen, hochoktanen Berufe. Man sieht kaum eine Geisha, die einen Beeper hat und davoneilt, um eine Not-Teezeremonie durchzuführen.

Man sieht eigentlich überhaupt keine jungen Geishamädchen, denn sie sind eine aussterbende Zunft. Die Geishas in dem Haus, das wir besuchten, schienen alle mindestens das Großmutteralter überschritten zu haben. Außerdem waren dort keine japanischen Gäste zu sehen. Ich glaube, das insbesondere dieses Geishahaus seit Tausenden von Jahren in traditioneller Weise Touristenbusse versorgt.

Die Damen jedoch waren sehr nett. Sie baten uns, die Schuhe auszuziehen und uns an die niedrigen Tische zu setzen, und wir litten alle unter Beinkrämpfen, während sie uns Getränke servierten. Ich bestellte ein Bier, das sie mir in der ehrwürdigen, traditionellen Weise reichten, indem sie die Flasche öffneten und sie vor mich auf den Tisch stellten.

Als nächstes führten sie uns einige Tanz- und Gesangsdarbietungen vor und kündeten eine Geishawerbezeremonie an. Sie fragten nach einem Freiwilligen aus dem Publikum für die Rolle des Freiers, und ich erhob meine Hand. Daran war das japanische Bier schuld.

Sie halfen mir auf die Bühne, legten mir einen Kimono um, und ich mußte mich auf ein Kissen setzen. Dann brachten sie das Objekt meiner Begierde, das von der Hauptgeisha gespielt wurde, die einen Kimono und die tradtitionelle Gesichtsschminke für Geishas trug, die offenbar mit einem Spachtel aufgetragen worden war. Sie sah aus, als habe sie eine dicke Schicht Gips in ihrem Gesicht. Bestimmt war sie eine nette Person, aber der Gesamteindruck war furchterregend.

Sie tanzte in kleinen Schritten um mich herum, hielt hin und wieder inne und sah mich von der Seite an, vermutlich, um mit mir zu kokettieren und zu flirten.

»Hey, großer Junge!« schien die Botschaft des Tanzes zu lauten. »Gefällt dir mein Blumengebinde?«

Als nächstes stopfte sie eine zeremonielle Pfeife mit Tabak, zündete sie an und überreichte sie mir. Ich nahm einen Zug, stieß einen zeremoniellen Husten aus, und sie nahm die Pfeife wieder an sich. Der Erzähler erklärte, daß wir an der entscheidenden Phase der Zeremonie angelangt waren, denn wenn sie ebenfalls einen Zug aus der Pfeife nehmen würde, bedeute dies, daß sie einer Heirat mit mir zustimmen würde. Nach einem Moment höchster Spannung zog sie an der Pfeife, und jeder klatschte, und wir zwei Turteltauben gingen Arm in Arm hinaus, wahrscheinlich in unser Liebesnest, wo wir, unfähig, unsere Leidenschaft länger zu zügeln, schichtweise Gips von ihrem Gesicht spachteln und Fotos ihrer Enkelkinder ansehen würden.

Das war das Ende unserer nächtlichen Tour, obwohl Tokio natürlich mehr traditionelle japanische Kultur bietet als nur Kabuki-Theater und Geishahäuser. Es gibt viele andere klassische Disziplinen, einschließlich Haiku-Lyrik und die bedeutenden Theaterkunstformen No und Bunraku, die eingehend in anderen Kapiteln beschrieben werden.[9] Ebenso werden wir uns mit der modernen japanischen Kultur beschäftigen, insbesondere mit der Frage, wie es mit dem japanischen Rock'n'Roll steht.[10] Aber zunächst müssen wir uns endlich mit der japanischen Industrie befassen und mit der Frage, warum sie so gute Autos herstellen können. Wahrscheinlich, weil sie in ehrwürdiger, traditioneller Weise mogeln.

---

9 Jedoch nicht in *diesem* Buch.
10 Schlecht.

5

GEHEIMNISSE DER JAPANISCHEN INDUSTRIE

Die ich wahrscheinlich hätte aufschreiben sollen

Sie haben sicher schon längst herausgefunden, daß ich kein richtiger Journalist bin. Gut, ich arbeite für die *Miami Herald*, habe einen Presseausweis und hänge manchmal bei besonderen Anlässen, wie zum Beispiel bei wichtigen politischen Zusammenkünften, mit richtigen Reportern herum. Aber Journalisten liefern genaue, verantwortungsvolle Stories über Themen wie die Energiepolitik von Paul E. Tsongas, während ich Stories darüber schreibe, wie man die Buchstaben von »Paul E. Tsongas« so verdrehen kann, daß der Name eine andere Bedeutung erhält.[1]

In Japan geriet ich allerdings in die Zwickmühle, ernst genommen zu werden. Ich versuchte immer wieder, die Leute davon zu überzeugen, daß ich ein humoristischer Schriftsteller bin. »Ich bin ein humoristischer Schriftsteller«, sagte ich ihnen, und zur Verdeutlichung breitete ich meine Arme aus, stieß ihnen mit dem Ellbogen in die Rippen und machte: »Ha!«

Aber mit ihrer Presse gehen die Japaner sehr sensibel um, also pflegen sie auch *jeden* amerikanischen Schriftsteller ernst zu nehmen. Darum fand ich mich,

1 »Gaseous Plant« (gasförmige Fabrik) oder »Get Nasal Soup« (nasale Suppe bekommen). Das können Sie nachschlagen.

gegen meinen Willen, bei einem Interview mit dem Präsidenten der Vereinigung der Wirtschaftsorganisationen (VDWO, vermute ich) wieder.

Das Interview vermittelte Hiroshi Ishikawa, der für das ausländische Pressezentrum in Japan tätig ist und mir sehr half, nicht nur bei der Ausarbeitung meines Reiseplans, sondern auch, indem er einfach nur ein netter Typ war, gut Englisch sprach und mir und meiner Frau japanische Gewohnheiten und Bräuche erklären konnte, wenn wir stümperhaft durch die Gegend irrten, wie dumme Wasserbüffel auf Reisen. Zum Beispiel fragte ich ihn am Tag, als wir uns kennenlernten – es war zufällig ein ausgesprochen heißer, strahlender Sommertag –, warum meine Frau, mein Sohn und ich, soweit ich feststellen konnte, die einzigen Menschen in Tokio waren, die Sonnenbrillen trugen. Hiroshi druckste ein wenig herum und fühlte sich sichtlich unwohl bei dem Gedanken, mit dieser Neuigkeit herauszurücken, aber schließlich erklärte er, daß die Leute in Japan häufig Sonnenbrillen mit Gangstern in Verbindung bringen. Darauf wäre ich selbst nie gekommen, obwohl es schon einmal in einem vorherigen Kapitel erwähnt wurde. Trotzdem war es gut, das zu wissen, aber dennoch trug ich weiterhin meine Sonnenbrille, weil ich dachte, wenn ich schon ein Wasserbüffel sein muß, dann wenigstens ein irgendwie *gefährlicher* Wasserbüffel.

Ich gab Hiroshi einige Bücher, die ich geschrieben hatte, damit er erfuhr, welche Art von Schriftsteller ich bin, und ich glaube, er hat sie auch gelesen. Eines Abends nämlich, nach ein paar Gläsern Bier, stellte er mir eine Frage, die ein tiefgründiges Verständnis bewies, nicht nur für meinen Schreibstil, sondern auch für meine Haltung, meine Philosophie und – ja – für die moralischen Werte im innersten Kern meines intellektuellen Seins.

»Was ist ein ›Popel‹?« fragte er.

»Na ja«, sagte ich. »Mmm.«

»Ja?« sagte er.

»In Ordnung«, erklärte ich. »Du weißt, was eine Nase ist?«

»Ja.«

»In Ordnung«, fuhr ich fort. »Du weißt, daß man manchmal, mmm, . . . «

»Ja.«

» . . . manchmal kriegt man, du weißt schon, diese Dinger kriegt man manchmal?« sagte ich. »In der Nase.«

»Ja«, sagte er.

»Das sind Popel.«

»Ach so«, sagte er nachdenklich und machte nicht gerade den Anschein, als bekäme er einen unbeherrschten Lachanfall und würde sich vor lauter Lachen biegen, den Bauch krampfhaft festhalten und auf dem Boden wälzen. Diese anspruchsvollen humoristischen Begriffe lassen sich nicht immer gut in eine andere Kultur übertragen.

Hiroshi hatte jedoch verstanden, daß ich ein humoristischer Schriftsteller bin. Aber als Vertreter des ausländischen Pressezentrums fühlte er sich wohl verpflichtet, mir beim Sammeln »bedeutender japanischer Fakten« behilflich zu sein. Er gab mir laufend offizielle Informationsbroschüren wie *Die Ausbildung in Japan; Freizeit und Erholung; Die japanische Frau gestern und heute; Fakten und Zahlen über Japan 1991* und *Die aktuelle Lage der japanischen Wirtschaft*. Leider war ich nicht in der Lage, diese

Broschüren zu lesen, weil sie schon beim flüchtigen Betrachten offenbar aus einer großen Anzahl von Wörtern bestanden.

Aber ich führte ein Interview mit dem Spitzenverband der japanischen VDWO, der Keidanren heißt. Nicht ich hatte die Idee zu diesem Interview: Hiroshi veranlaßte es. Eines Tages hinterließ er eine Nachricht in meinem Hotel, in der er mir mitteilte, daß er einen Termin mit dem Präsidenten und Direktor von Keidanren vereinbart hatte, der mich »über den wirtschaftlichen Erfolg Japans und die gegenwärtigen und zukünftigen Handelsbeziehungen zwischen Japan und den Vereinigten Staaten informieren würde«. Ich sah keine Möglichkeit, aus dieser Sache herauszukommen; zu diesem Zeitpunkt der Reise wußte ich noch nicht, wie man ein Telefon bedient.[2] Oder wie man HILFE! schreit.

In Hiroshis Nachricht stand weiter, daß Keidanren »die mächtigste Wirtschaftsorganisation in Japan« sei. Ich wußte, das bedeutete für mich zweierlei:

1. Eine Krawatte tragen.
2. Ein paar Fragen ausdenken.

Der zweite Punkt ist für ein Interview besonders wichtig, denn ein Interview ohne Fragen führt dazu, daß beide Gesprächspartner nur dasitzen und herumdrucksen. Darum haben die richtigen Journalisten immer einen Packen Fragen auf Lager, die grundsätzlich allgemeinzweckdienliche Wörter wie »Defizit« und »Infrastruktur« beinhalten. Wenn man einen richtigen Journalisten aus tiefstem Schlaf weckt und

---

2 Später erfuhr ich, daß japanische Telefone ungefähr so wie unsere funktionieren, nur daß die Person am anderen Ende mich nicht versteht.

ihn mit einem, sagen wir mal, amerikanischen Senator in einen Raum steckt, wird der Journalist sofort fragen: »Herr Senator, erwarten Sie, daß das Defizit sich auf die Infrastruktur auswirken wird?« Dann wird der Senator mit einer Rede beginnen, und der Journalist kann weiterschlafen.[3]

Aber ich hatte Schwierigkeiten, mir Fragen auszudenken, die ich dem Vorsitzenden der mächtigsten Wirtschaftsorganisation in Japan stellen konnte. Eine Möglichkeit war: »Glauben Sie, daß der Aalmangel sich auf die Infrastruktur auswirken wird?« Aber darüber hinaus war ich ziemlich ratlos.

Somit band ich mir an dem vereinbarten Tag mit einiger Unruhe eine Krawatte um,[4] stieg in ein Taxi und zeigte dem Fahrer das Empfehlungsschreiben, das Hiroshi für mich angefertigt hatte und das so aussah:

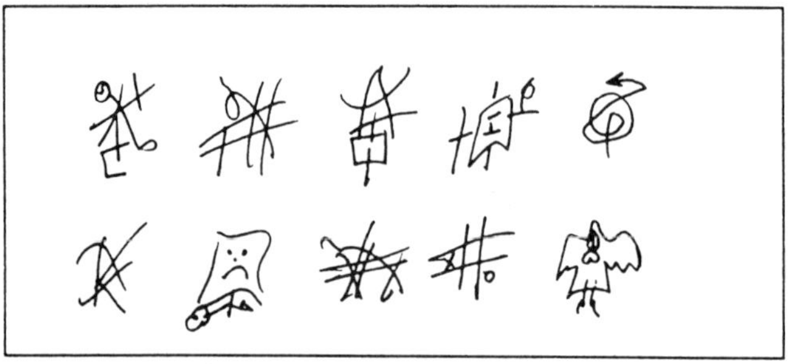

Ich kann Ihnen sagen, es ist kein angenehmes Gefühl, wenn man sich in einer riesigen, unbegreiflichen Stadt aufhält, die Sprache weder sprechen noch lesen

3 Das ist ein wesentlicher Bestandteil der Demokratie.
4 Selbstverständlich, nachdem ich mich vorher angezogen hatte. Ich bin ja nicht blöd.

kann und die einzige Hoffnung, unbeschadet ans Ziel und wieder zurückzukommen, in einem kleinen Stück Papier liegt, auf dem Ihres Wissens nach steht: »Ich würde gerne Ihr Gebäck streicheln.«

Offenbar verstand der Fahrer aber Hiroshis Schreiben, und nach der obligatorischen Route, die uns wahllos durch Straßen, Gassen und Restaurantküchen führte, erreichten wir das Keidanren-Gebäude. Ich zeigte dem Sicherheitsbeamten mein Schreiben, und er führte mich in eine Abteilung, wo ich mein Schreiben einer Dame an der Rezeption vorlegte, die mich in einen Raum führte, in dem ein runder Tisch mit einer großen Zierdecke und fünf gepolsterte Stühle mit mehreren Zierdeckchen standen. Danach ging sie hinaus und schloß die Tür.

Fünfzehn Minuten war ich allein dort drinnen, eine lange Zeit für einen journalistischen Betrüger, der auf ein Interview mit dem Vorsitzenden der mächtigsten Wirtschaftsorganisation Japans wartet. Die einzigen Fragen, die mir einfielen, lauteten:

1. Was mache ich hier?
2. Was sollen diese ganzen Zierdeckchen?

Mir wurde klar, daß ich besser ein paar Recherchen über Keidanren angestellt hätte. Jetzt klang der Name »Keidanren« unheimlich. Er klang wie eine dieser mächtigen internationalen High-Tech-Verbrecherorganisationen, die es immer auf James Bond abgesehen haben und ihn töten wollen, indem sie zum Beispiel mit Giftpfeilen aus präparierten Büstenhaltern auf ihn schießen, die von attraktiven Frauen getragen werden. Es kam mir in den Sinn, daß jeden Moment die Tür auffliegen und ein höhnisch grinsender Mann hereinmarschieren könnte, von stämmigen Wachen in Uniform umgeben. Er könnte zum

Beispiel zu mir sagen: »So, Mr. Barry, Sie möchten mit dem Anführer sprechen? Ich wäre *glücklich*, wenn es dazu kommen würde, aber zuerst müssen Sie, entsprechend unserer alten Keidanren-Tradition, gegen Rex, die gigantische Meeresschnecke, kämpfen. *Greif an, Mann!*«

Zum Glück passierte das nicht. Es kam lediglich ein junger Mann in einem Geschäftsanzug herein, der sich verbeugte und mir seine Karte gab. Dabei muß ich erklären, daß Visitenkarten, wie Sie vielleicht schon gehört haben, für Japaner *sehr* wichtig sind. Anders als in den Vereinigten Staaten, wo Visitenkarten hauptsächlich in Brieftaschen getragen und als Zahnstocher benutzt werden. Natürlich kann man die Visitenkarten auch an andere weitergeben, aber die machen damit genau das, was man mit *ihren* macht, das heißt, sie werfen sie einfach weg. Fast 68 Prozent der gesamten amerikanischen Abfalldeponien sind mittlerweile mit Visitenkarten gefüllt.[5]

Aber in Japan, wo jeder genau wissen muß, wo jemand herkommt, wer wichtiger ist und wer sich am tiefsten verbeugen muß usw., ist die Visitenkarte eine große Sache. Japanische Geschäftsleute tauschen immer Visitenkarten aus, wenn sie sich zum ersten Mal treffen, und jeder untersucht die Visitenkarte seines Gegenübers ganz genau, um herauszufinden, wo er innerhalb der großen Hackordnung des Lebens steht.

Dieser junge Mann überreichte mir auf jeden Fall seine Karte, wo auf der einen Seite in japanisch und auf der anderen Seite in englisch stand, er sei Fumitaka Urano, Assistent mit besonderen Aufgaben,

---

5 Quelle: Sportillustrierte.

Büro des Vorsitzenden. Ich gab ihm meine Karte, wo auf der einen Seite in Englisch stand, daß ich Mitarbeiter eines *Wahrsager-Magazins* sei, das *Miami Herald* heißt, und die andere Seite weiß war. Wir untersuchten beide die Karte des anderen. Es kam mir vor wie ein Kartenspiel, das »Krieg« heißt. Ich dachte, vielleicht wird er gleich sagen: »In Ordnung, Assistent mit besonderen Aufgaben schlägt Mitarbeiter eines Magazins mit acht Punkten. Vorteil bei mir!«

Aber statt dessen setzte er sich und gab mir eine Broschüre über Keidanren mit Bildern von Büroangestellten, einer Gruppe von älteren Herren, deren Gesichtsausdruck starke Entschlossenheit verriet, die an das Unwohlsein von Magenkranken grenzte. In der Broschüre stand: »Keidanren spielt eine aktive und einflußreiche Rolle in der Vollendung eines ausgeglichenen ökonomischen Wohlstands für die gesamte Menschheit.«

Whow. Ausgeglichener ökonomischer Wohlstand für die *gesamte Menschheit*. Und da denkt man, die bauen da drüben einfach nur Videorecorder.

Herr Urano teilte mir mit, daß es eine brandneue Abteilung bei Keidanren gibt, die noch nicht in der Broschüre aufgeführt ist und Sozial-Philanthropische-Abteilung heißt. Ich nahm an, dies war die Antwort auf die lautgewordene Kritik, daß japanischen Unternehmen soziale Belange und die Umwelt gleichgültig sind. »Private Unternehmen in Japan interessieren sich mittlerweile auch für für philanthropische Belange«, erzählte mir Herr Urano. »Ein Beispiel dafür ist der weltweite Umweltschutz.«

Wie er es sagte, klang es so, als seien eines Morgens in Japan führende Wirtschaftsleute einfach aufgewacht und hätten zu ihren Ehefrauen gesagt:

»Weißt du, ich interessiere mich für Philanthropie, zum Beispiel für den weltweiten Umweltschutz.«[6]

Herr Urano und ich saßen uns eine Weile gegenüber und gaben vor, von der Keidanren-Broschüre gefesselt zu sein; dann ging er. Einige Minuten später kam der Big Tofu persönlich, Masaya Miyoshi, ein weltgewandter Mann, der in Fullbright studiert hatte und ausgezeichnet Englisch spricht. Wir tauschten unsere Visitenkarten aus, und seine Karte schlug meine um 680 Punkte, aber er war zu höflich, um es an die große Glocke zu hängen.

Jetzt war es für mich an der Zeit, Fragen zu stellen. Ich muß sagen, als es so weit war, war ich trotz meiner Nervosität in der Lage, die journalistische Berufssparte würdig zu vertreten, mit der kühlen Gelassenheit und dem savoir-faire eines Bräutigams, der das Seitenschiff einer Kirche betritt und acht Meter Toilettenpapier hinter sich herschleift.

»Glauben Sie«, begann ich, »daß mm Japan und die mm Vereinigten Staaten, ich meine, zwischen den beiden Staaten gibt es ungeheure, Sie wissen, ich meine, *Spannungen,* hier stellen Sie die ganzen *Autos* her, Sie wissen, und warum gibt es so viele, ich meine, zugegeben, auf *beiden* Seiten ...«

Das war nur ein Herantasten. Ich konnte mich im Grunde genommen nicht so verständlich ausdrücken. Zum Glück stellte sich heraus, daß Herr Miyoshi eigentlich kein richtiges Interview erwartet hatte. Er war darauf vorbereitet, das japanische Wirtschaftswunder zu beschreiben, und sobald ich meine Klappe hielt, startete er damit.

---

6 Es könnte Probleme geben, wenn ihre Ehefrauen kein Englisch sprechen.

Im wesentlichen sagte er, daß für Japan alles sehr gut gelaufen ist und sein Land den Vereinigten Staaten viel zu verdanken hat.

»Wir hatten, dank der Führung der Vereinigten Staaten, einen sehr guten Anfang«, sagte er. »Wir sind der Schüler, der gewissenhaft das ausgeführt hat, was ihm von seinem Lehrer beigebracht wurde.«

Er erklärte weiter, daß es zwischen den beiden Ländern zwar Mißverständnisse gab, Japan aber dennoch ein großes Interesse daran hat, daß die Vereinigten Staaten ihre Führungsposition behalten. Die Vereinigten Staaten haben einige Probleme, bemerkte er, aber wir müßten lediglich die Wirtschaft neu strukturieren, das Defizit reduzieren, unsere Industrie stärken, das Bildungssystem reorganisieren, die Verbrechensrate verringern, und zack, schon stehen wir wieder an der Spitze.

»Ihr Ziel ist, die gesamte Menschheit zu leiten«, sagte er.

»Aber wir wollen gar nicht die gesamte Menschheit leiten«, hätte ich zu ihm sagen sollen. »Warum übernehmen *Sie* nicht eine Zeitlang die Führung der gesamten Menschheit, und *wir* machen eine Menge Geld mit dem Bau von Videorecordern?«

Das sagte ich aber nicht, auch sonst nichts, denn Herr Miyoshi war vertieft in seinen Vortrag und schilderte das japanische Wirtschaftswunder in allen Einzelheiten, komplett mit Graphiken. Hier hätte ich aufmerksamer zuhören sollen. Soweit ich mich erinnere, ließ er wichtige Geheimnisse über die japanische Wirtschaft durchsickern, mit denen ich zu Hause die amerikanische Wirtschaft bis zum Höhepunkt hätte stimulieren können. Aber langsam kam ich mir vor wie bei einem Wirtschaftskurs für Anfänger, und ich konnte fühlen, wie meine Gehirnzellen sich einzeln aus dem Vortragsraum meines Schädels davonschlichen. Das einzig Besondere, das mir von dem Kram hängenblieb, über den Herr Miyoshi referierte, war, daß die japanische Wirtschaft und die Regierung eine »Matrix« haben. Ich habe keine Ahnung, was das bedeutet. »Matrix« ist eines dieser Wörter, die man öfter hört und vielleicht sogar gelegentlich *benutzt*, man muß aber nie wirklich wissen, was sie bedeuten. Ähnlich wie »Parameter«. Im Grunde genommen ist es gut möglich, daß die japanische Wirtschaft und die Regierung auch Parameter haben. Jemand sollte sich damit mal befassen.

Soweit es mich betraf, war ich glücklich, von Keidanren wegzukommen und den Schleier, der sich vor meinen Augen gebildet hatte, etwas gelüftet zu haben. Ich gebe zu, daß mich zu diesem Zeitpunkt das japanische Wirtschaftswunder ein wenig einschüchterte, und ich wollte einen Beweis dafür, daß sich *irgendein* Produkt aus den Vereinigten Staaten in Japan gut verkauft. Also ging ich mit Beth und Robby in das Disneyland von Tokio, das seit der Eröffnung 1983 eine ungeheuer beliebte Attraktion ist. Die Japaner lieben es abgöttisch, was seltsam ist, wenn man darüber nachdenkt.

Ein wichtiger Grund für den Erfolg des ganzen Disneygeschäfts in den Vereinigten Staaten liegt meiner Ansicht nach darin, daß es den Amerikanern einen romantischen, sterilen Blick in die Vergangenheit ihres eigenen Landes bietet. Wenn man Disney World betritt und die Main Street, USA, entlangläuft, fühlt man sich ins Jahr 1910 zurückversetzt, so als ginge man die Hauptstraße einer kleinen Stadt im mittleren Westen entlang, mit hübschen Geschäften und netten Leuten, die sich aus irgendeinem Grund gelegentlich als riesige Nagetiere verkleiden. Man kann verstehen, daß Amerikaner sich davon angezogen fühlen, aber warum gefällt es den Japanern so sehr?[7] Ihre Hauptstraße sieht *genauso* aus wie die in den Vereinigten Staaten, mit einem alten Kino, einem Spielsalon, einem Eisstand und einer Saxophon-Band, die »When The Saints Go Marching In« spielt.

Oh, es gab jedoch auch einige Anzeichen dafür, daß wir nicht in Orlando waren. Zum Beispiel sangen mehrere Disneyfiguren vor dem Gebäude, in dem die »Wie-klein-ist-doch-die-Welt-Fahrten« stattfanden, »Zippety Doo-Dah« auf japanisch.[8] Auch war das Essen anders. Am Eisstand wurde Eis mit Teegeschmack verkauft. Im Westernland wurde etwas Eßbares mit der Bezeichnung »Tongari Korn« angeboten. Auf der Verpackung war zu lesen: »Ein knuspriger Imbiß aus Getreidekörnern.« Ich bestellte ein »Pionier-Sandwich«, das sich als Sandwich mit Thunfisch-Salat erwies. Das geht auf die Zeit im alten Westen zurück, als Pionierfamilien die großen Prärien in Planwagen durchquerten und Pa sich sein Gewehr schnappte, um hinauszugehen und einen Thunfisch zu jagen.

Aber der größte Teil des Disneylands von Tokio gleicht haargenau den Disney-Parkanlagen in den Vereinigten Staaten. Und aus irgendeinem Grund finden Japaner dieses Traumbild von Amerika wundervoll.

Natürlich denken sie nicht so über unsere Autos.

---

7 Erwarten Sie nicht, in *diesem* Buch eine Antwort darauf zu finden.
8 Die japanische Übersetzung für »Zippety Doo-Dah« lautet übrigens »Zippety Doo-Dah«. Das ist der einzige japanische Satz, den ich sicher beherrsche.

Während ich mich in Japan aufhielt, sah ich genau drei amerikanische Autos. Es waren drei dunkelblaue Cadillacs. Jetzt, wo ich darüber nachdenke, fällt mir auf, daß es vielleicht immer wieder *derselbe* dunkelblaue Cadillac gewesen sein könnte, im Besitz von Gangstern, die uns verfolgten, weil wir die einzigen Menschen in Japan waren, die außer ihnen Sonnenbrillen trugen.

Aber abgesehen von diesem bestimmten Cadillac verkaufen sich amerikanische Autos dort drüben überhaupt nicht gut. Aus diesem Grund fand die berühmte Reise von Präsident George Bush Anfang 1992 nach Japan statt, bei der er eine hochrangige Delegation Detroiter Autohersteller[9] anführte, die in riesigen Militärtransportflugzeugen hinübergeflogen werden mußten, weil normale Flugzeuge nicht in der Lage waren, ihre Brieftaschen zu befördern.

Das Ziel dieser Reise war, die Japaner dazu zu bewegen, mehr amerikanische Autos zu importieren, aber die amerikanische Delegation benahm sich wie ein Haufen großer, fetter, überbezahlter Jammerlappen. Eine Menge Leute empfanden das als ziemlich peinlich, weil das größte Problem der amerikanischen Autoindustrie darin besteht, daß selbst viele *Amerikaner* keine amerikanischen Autos kaufen. Das einzig Gute während der Reise passierte, als der Präsident den japanischen Premierminister bekotzte: eine Art offenen Austauschs zwischen zwei Weltmächten, den wir gern öfter sehen würden.

Wir müssen jedoch gegenüber den japanischen Autoherstellern konkurrenzfähig werden, weshalb ich Hiroshi Ishikawa darum bat, mir einen Besuch in

---

9 Einschließlich Lee »Air Bag« Iacocca.

einer Autofabrik zu vermitteln. Ich hatte den Plan, einige wertvolle Industriegeheimnisse auszuspionieren und sie der amerikanischen Autoindustrie als patriotische Geste zu überreichen, in der Hoffnung, ein Auto umsonst zu bekommen.

Hiroshi vermittelte mir einen Übersetzer und vereinbarte einen Besuch beim Nissan-Werk in Oppama, mit dem Zug ungefähr eine Stunde von Tokio entfernt. Noch einmal behandelte man mich, als wäre ich tatsächlich ein Journalist. Ich wurde in einen Konferenzraum geführt, wo ich drei leitende Angestellte von Nissan traf, die mich mit Handschlag begrüßten und mir einen Witz über einen Golfer erzählten, der von einer Schlange in den Penis gebissen wurde.

Nein, Scherz beiseite, wir tauschten Visitenkarten aus, und der ranghöchste Angestellte setzte sich mit mir an einen Tisch, während die beiden anderen Angestellten abseits standen und uns beobachteten. Dann zog der ranghöchste Angestellte ein Stück Papier aus seiner Tasche und begann, feierlich davon abzulesen. Dem Übersetzer zufolge erklärte er mir das »japanische Wirtschaftswunder«. Er stellte die folgenden Punkte besonders heraus, die ich in einem offiziellen Reporter-Notizbuch niederschrieb:

1. Japan hat sehr viel Glück gehabt und schuldet den Vereinigten Staaten großen Dank.
2. Japan stellt eine Menge Autos her.
3. Dies wird mit Massenproduktion erreicht.

Nachdem das geklärt war, ließ ich durch den Übersetzer fragen, ob ich bei der Produktion einiger Autos zuschauen dürfte.

»Vielleicht würden Sie zunächst gern ein Video sehen«, sagte der Angestellte.

Das bedeutete natürlich: »Halt den Mund und sieh dir das Video an, du Hohlkopf.«

Also sahen wir uns das Video an, das mit den Worten des Erzählers begann: »Autos. Phantastische Maschinen.«

Das Video dauerte ungefähr fünfundzwanzig Minuten, in denen nach meinen Unterlagen die folgenden Schlüsse gezogen wurden:

1. Nissan stellt Autos her.
2. Und sogar verdammt gute.
3. Diese werden dann verkauft.

Das Video endete schließlich, und es war Zeit, in das Werk zu gehen. Das war ein riesiges Gebäude mit großen Maschinen, die viel Lärm machten. Alle paar Meter deutete einer der leitenden Angestellten auf eine Maschine und schrie dem Übersetzer etwas zu, der wiederum mir etwas zuschrie, das ich, obwohl ich es nicht verstehen konnte, aus Höflichkeit in meinem Notizbuch festhielt.

Aber ich hatte genug gesehen, um endlich ihre Geheimnisse zu lüften. Hier sind sie. Vor allem verwenden sie Stahl. An einem Ende des Werkes liegen riesige Stahlplatten herum, und unterwegs wird der Stahl in die Form bestimmter Autoteile gepreßt, die am anderen Ende, *voilà,*[10] als Nissan Stanza wieder herauskommen.

Aber der Stahl ist nur die Hälfte des Geheimnisses. Die andere Hälfte sind *Roboter.* An der Fertigungsstraße stehen nur sehr wenige Menschen, aber *eine*

---

10 Oder wie der Japaner sagt: »Na-go-YAH-mah-ha-wan-ju-ka-se-MAH-na-ho-ho-wa-gah.«

Menge hochintelligenter Roboter.[11] Wenn ein zu einem Stanza-Teil geformtes Stück Stahl die Straße entlangfährt, schwärmen Roboter aus, winken mit ihren mechanischen Armen herum und schweißen und biegen und bohren und schrauben. Das können sie stundenlang tun, und sie machen keine Pausen, um zur Toilette zu gehen, Mittag zu essen oder sich um den Kaffeeautomaten zu versammeln und über das Spiel der Roboter Softball-Liga des vergangenen Abends zu reden. Sie arbeiten nur. Obwohl ich den Verdacht habe, daß sie spät nachts, wenn die leitenden Angestellten nach Hause gegangen sind, auftauen und sich mit Roboterstreichen vergnügen, wie zum Beispiel sich gegenseitig »TRITT MICH«-Schilder in den Rücken zu werfen. Wahrscheinlich laufen sie Samstag nachts um Container mit Schmiermitteln herum und singen den traditionellen Roboter-Blues:

Meine Frau behandelt mich schlecht
Sie ist gemein und grausam
Ja, meine Frau behandelt mich schlecht
Sie ist gemein und grausam
Wenn sie heut' nacht nicht gut zu mir ist
Wird Gott ihr ein 0,03456 cm großes Loch
In das Hauptkontrollmodul bohren

Jedenfalls bin ich der Ansicht, daß wir uns einige dieser Roboter beschaffen müssen, wenn wir hier in den Vereinigten Staaten ein japanisches Wirtschaftswunder haben wollen. Vielleicht können wir sie gegen Baseballspieler eintauschen. Dann brauchen wir nur

---

11 Intelligenter als Tobor. Und was das betrifft, intelligenter als Captain Video.

noch etwas Stahl, geben es den Robotern, und zack, zaubern wir, wie keiner sonst, konkurrenzfähige Autos hervor. Diese Autos wären natürlich Nissan Stanzas, na und? Wenn es den Japanern nicht paßt, können sie uns verklagen. Sie haben vielleicht die Roboter, aber wir haben ein *Heer* von Anwälten.

6

ROCKMUSIK IN JAPAN

In-Kids flippen im Gleichschritt

Ich hege ernsthafte Vorurteile gegenüber der Popmusik-Szene in Japan, denn Japan ist verantwortlich für die wahrscheinlich verwerflichste technologische Entwicklung in der Musikgeschichte — verwerflicher als die Discobeat-Automaten, sogar verwerflicher, falls so etwas überhaupt vorstellbar ist, als ein Akkordeon mit Verstärker. Ich spreche von Karaoke.

Der Begriff leitet sich von zwei japanischen Wörtern ab: »kara« bedeutet »Amateure« und »oke« soviel wie »auf die Bühne gehen und zur eigenen Unterhaltung solange singen, bis man heruntergeprügelt wird«. Dieses technologische Bravourstück wird mit Hilfe eines Apparates vollführt, der die Musik eines populären Songs spielt, während die Texte auf einem Bildschirm erscheinen. Die Leute sollen aufstehen, sich das Mikrophon schnappen und ihre musikalischen Talente entfalten. Leider haben die meisten Menschen — wie Ihnen sicherlich schon im alltäglichen Leben aufgefallen ist — nicht einen Funken musikalisches Talent und müssen aus diesem Grund einen richtigen Beruf ausüben.

Trotzdem gehen Japaner gern in Bars, wo sie viel Geld dafür ausgeben, sich zu betrinken und sich gegenseitig mit schlechtem Gesang zu belästigen. Eines der beliebtesten Karaoke-Lieder ist »My Way«

— das anstößigste Lied aller Zeiten,[1] wie in Studien für die amerikanische Regierung nachgewiesen wurde. Ich glaube also, wir sind uns alle einig, daß Karaoke eine schlechte Sache ist und verboten werden sollte, abgesehen von besonderen Anlässen, zum Beispiel, wenn ich persönlich gern singen möchte.

Das war eines Nachts in Tokio der Fall, als ich mit einigen anderen erfahrenen, professionellen Journalisten in eine Karaoke-Bar ging, nachdem wir zuvor in einem Restaurant gegessen hatten, wo man uns am Ende der Mahlzeit Sake in einem Trinkpack anbot. Es war ein großes Trinkpack mit Sake, jawohl.

WICHTIGER REISETIP
NIE SAKE AUS EINEM TRINKPACK ODER AUS IRGENDEINEM ANDEREN BEHÄLTER TRINKEN.

Wir gingen also in diese Karaoke-Bar und bestellten ein Getränk, das auf der Karte als »Bad Weiser Bier« bezeichnet wurde. Dann wurde uns eine Liste der Karaoke-Lieder gegeben, die in dem Apparat gespeichert waren und die nicht nur Rock- und Popsongs enthielt, sondern auch den spirituell bewegenden, traditionellen Weihnachtshit »Away in a Manager«. Dort stand auch der Text. Falls Sie sich schon immer gefragt haben, wie der Refrain in dem Stück »My

---

1 Man beachte die Zeilen: *Regrets? I've had a few. But then again, too few to mention.* (Reue? Ich bereue nur wenig. Jedoch zu wenig, um es zu erwähnen.)

Love Does It Good« von Paul McCartney lautet, hier ist er:

Woe woe woe woe
Woe woe woe woe[2]

Wir tranken eine Weile unser Bad Weiser und beobachteten die Darbietungen der anderen Gäste. Ein kleine Frau in mittlerem Alter stand auf und sang eine Version von Louis Armstrongs »Summertime«, und sie sang *exakt* wie Louis Armstrong, sogar die Stellen, wo zusammenhanglose Silben anstelle von Wörtern gesungen werden. Es war unheimlich – als ob Louis Armstrong nie richtig gestorben wäre, sondern am Satchmo-Umsiedlungsprogramm der amerikanischen Regierung teilgenommen hätte und nach zahlreichen kosmetischen Operationen als sehr kleine, japanische Dame wiederauferstanden wäre. Oder vielleicht trug einfach nur der Sake seinen Teil dazu bei.

Dann ging – wie es die japanische Verfassung vorsieht – ein Mann auf die Bühne und sang »My Way«.

Als nächstes versuchte ein, nein, es waren zwei amerikanische Männer, »Mack the Knife« zu singen. Zuerst ging ein Typ auf die Bühne, aber dann erkannte der andere das Stück, dachte sich, er steht dem ersten bei, schlängelte sich zum Mikrophon und setzte ein. Der erste Typ wollte die Hilfe nicht annehmen und schob den zweiten Typ immer wieder zur

2 Dieser Text ist eingetragenes Warenzeichen und patentiertes Eigentum der Paul McCartney Worldwide Enterprises Corp. Inc. Ltd. und darf ohne das ausdrückliche schriftliche Einverständnis von ungefähr siebenundzwanzig Anwälten, die, offen gesagt, nicht einmal die Absicht haben, Ihren Telefonanruf zu erwidern, nicht gedruckt, reproduziert, ausgestrahlt, auswendig gelernt, gesungen, gesummt oder in irgendeiner anderen unterhaltenden Form verwendet werden.

Seite, der jedoch wankte nur einmal, drehte sich im Kreis und steuerte wieder auf das Mikrophon zu. Die zweite Strophe entwickelte sich fast zu einem gewalttätigen Schaukampf:

There's a (Schubser) (»WEG!«) tugboat
Down by the – HAU AB, VERDAMMT! –
river . . .

Nachdem ein paar weitere Sänger aufgetreten waren, kam meine Gruppe zu dem Schluß, daß Karaoke die blödeste und erbärmlichste Form der Unterhaltung ist, die wir je gesehen hatten, und wir wollten mitmachen. Wir wählten also ein Lied aus und baten den Zeremonienmeister, den Namen unserer Gruppe anzukündigen, der äußerst peinlich, infantil und geschmacklos war und hier nicht erwähnt werden muß.[3]

Außer mir bestand die Gruppe aus Reportern vom *Wall Street Journal*, der *Washington Post* und der *Newsweek*. Wir trugen das Stück »My Boyfriend's Back» von The Angels vor, das 1963 ein großer Hit war und so anfängt:

My boyfriend's back, and there's gonna
be trouble
(Hey la, hey la, MY BOYFRIEND'S BACK!)
If I were you, I would cut out on the double
(Hey la, hey la, MY BOYFRIEND'S BACK!) *

---

3 Tom und die Tampons.

* Mein Freund ist wieder da, und es wird Ärger geben
(Hey la, hey la, MEIN FREUND IST WIEDER DA!)
Ich an deiner Stelle würde schnellstens abhauen
(Hey la, hey la, MEIN FREUND IST WIEDER DA!)

Wir unterstrichen den Song wirkungsvoll mit aufeinander abgestimmten Handbewegungen und repräsentierten unser Land mit einer, wie ich meine, hervorragenden Leistung: Tatsächlich fiel keiner von uns von der Bühne. Das Publikum beobachtete uns schweigend und tief beeindruckt. »Überall ein Botschafter des guten Willens sein« ist ein Motto von mir.

Einer der kulturellen Botschafter, die in dieser Nacht den Refrain »Hey la, hey la!« sangen, war Paul Blustein von der *Washington Post,* der mich fragte, ob ich die *richtig* scharfe Musikszene Japans kennenlernen wollte. Er nahm mich mit in den Harajuku-Park von Tokio, wo sich Sonntag nachmittags japanische Rockgruppen versammeln und für ihre Fans spielen. Also gingen wir an einem Sonntagnachmittag dorthin, und darüber bin ich sehr froh. Es mag zwar ein ungeheurer kultureller Unterschied zwischen Japan und den Vereinigten Staaten bestehen, die Szene in Harajuku war jedoch ein ergreifender Beweis dafür, daß Rockmusik tatsächlich die universelle Sprache der Jugend ist, und die japanische Jugend beherrscht sie nicht für fünf Pfennig.

Ich gebe zu, daß ich nicht Mr. Happening Dude der Schallplattenabteilung bin. Ich bin eindeutig in den 60ern hängengeblieben. Heavy-Metal-Gruppen mit schreienden Männern im Gummileder-Outfit sind mir zuwider. Genau wie Rapmusik, die in meinen Ohren klingt, als ob eine Bande wütender Männer sich gegenseitig anschreit, wahrscheinlich, weil sie darüber wütend sind, daß der Texter nicht aufgetaucht ist. Im Auto höre ich Radiosender, die die Golden Oldies spielen, und ich stimme teilnahmsvoll ein, wenn in einem Stück gefragt wird:

Who put the bomp in the bomp ba bop ba bomp?
Who put the dip in the dip da dip da dip?[4]

Einmal habe ich sogar zu dem Stück »Bad, Bad Leroy Brown« getanzt. Das war bei einem Hochzeitsempfang, ist aber trotzdem keine Entschuldigung. Ich bin nicht cool, und das weiß ich auch. Ich bin aus dem Alter raus, ein Spießbürger in mittleren Jahren, für den das Ausfüllen einer Garantieerklärung für die Mundddusche eine wilde Abendveranstaltung ist. Nachdem ich jedoch gesehen hatte, was in Harajuku geboten wird, fühlte ich mich wie Jimi Hendrix. Ich fühlte mich cool genug für die Titelseite des *Rolling Stone*.

Vom ersten Augenblick an fühlte ich mich so cool, denn als erstes sahen wir die Bad-Ass Greasers. Das waren etwa ein Dutzend junge Männer, die im Amerikanische-Jugendstraftäter-Look der 50er Jahre alle gleich angezogen waren: enge schwarze T-Shirts, enge schwarze Hosen, schwarze Socken und spitze schwarze Schuhe. Jeder einzelne hatte einen liebevoll gestylten, sorgfältig gepflegten 50er-Jahre-Entenschwanz-Haarschnitt, Kaliber einsame Spitzenklasse, der mit dem jährlichen Erdölvorkommen Kuwaits zum Stehen gebracht werden mußte. Einer von ihnen hatte eine Tolle, groß genug, daß der ehemalige Präsident Carter sich dahinter verstecken konnte.

Eine Weile lang standen die Bad-Ass Greasers einfach nur da, kämmten an ihren Haaren herum und bemühten sich, so düster und rebellisch wie James Dean auszusehen. Dann bildeten sie einen Kreis und setzten sich mit gekreuzten Beinen, als wollten sie ein

4 Copyright 1962, Joyce Carol Oates.

Lagerfeuer veranstalten. Einer von ihnen legte eine Kassette ein, und »Heartbreak Hotel« dröhnte aus dem Recorder. Die Leute im Kreis begannen, zu der Musik zu klatschen; einer erhob sich, ging in die Mitte des Kreises und fing an zu tanzen. Der Tanz, den er wählte, war der Inbegriff der gefährlichen Schlechtigkeit: der Twist. Er bewegte sich steif und unbeholfen und glich Dean Martin und Dan Aykroyd bei einer ihrer wilden und verrückten Nummern, nur daß er todernst dabei war. Genauso wie die Jungen im Kreis, die klatschten. Sie glaubten eindeutig, daß sie für die sterbliche Menschheit einfach zu cool waren. Ihnen schien nicht aufzufallen, daß sie vielleicht ein bißchen blöd aussehen könnten, wie eine Bande von den Hell's Angels bei dem Versuch, in Ballettröckchen eine kleine Stadt zu terrorisieren. Die Amerikaner unter den Zuschauern warfen sich hin und wieder verstohlene Blicke zu, wandten sich aber schnell wieder voneinander ab. (Wir sind für unsere guten Manieren bekannt.) Die Bad-Ass Greasers waren einfach blind. Von ihrer eigenen Coolheit überzeugt, klatschten und twisteten sie verbissen weiter.

Und irgendwie *waren* sie tatsächlich cool, verglichen mit den anderen Gruppen, die ich in Harajuku sah. Auf ungefähr hundert Metern, auf beiden Seiten der Straße, spielten ungefähr zwanzig Rockgruppen, von denen jede mit einem Lastwagen voller Instrumente, Verstärker und Generatoren gekommen war. Sie hatten ihre Anlagen nur wenige Meter voneinander entfernt aufgebaut und spielten alle gleichzeitig, so daß man nicht einer Band zuhören konnte, sondern nur mehreren Gruppen gleichzeitig. Alles ziemlich harmlos.

Sie waren alle gleichermaßen schrecklich. Es war ein Festival unter dem Motto: »Schlechte, laute Bands mit verstimmten Instrumenten imitieren MTV-Rockstars«. Wirklich rührend war ihr verzweifelter, mißlungener Versuch, *anders* zu sein. Man sieht zum Beispiel nicht viele gebatikte T-Shirts in Japan, aber die Mitglieder einer Band trugen alle gebatikte T-Shirts, was sie nach japanischem Verständnis vermutlich anders erscheinen ließ, nur trugen sie praktisch alle das *gleiche* gebatikte T-Shirt. Und vor ihnen tanzte ein Haufen Groupies — Teenager, die auch alle das gleiche T-Shirt trugen und obendrein beim Tanzen *die gleichen Bewegungen machten,* was sie wahrscheinlich für cool hielten, was aber eher, ich schwöre, wie Hokuspokus aussah.

Einige Meter weiter spielte eine Gruppe, deren Mitglieder buntkarierte Sachen anhatten, und selbstverständlich trugen ihre Fans ebenfalls buntkarierte Sachen; sie hatten sogar ihren eigenen Tanz, der im wesentlichen ein Veitstanz war. Ein paar Meter weiter spielte eine Band mit pinkfarbigen Haaren und dann eine in Leder, undsoweiter, jede Gruppe mit ihrem eigenen offiziellen Aussehen und ihren Groupies in offizieller Groupieuniform, die ihre offiziellen Tänze tanzten und sich untereinander Seitenblicke zuwarfen, um sicherzugehen, daß sie übereinstimmend anders waren. Es war traurig, wirklich. Die ganzen Teenies, an einem Ort versammelt, bemühten sich *so* sehr, rebellisch und verwegen auszusehen, doch waren sie tatsächlich reglementierter als eine typisch amerikanische Bowling-Liga.

Ich kann nicht sagen, daß es mich deprimierte. Ich fühlte mich im Grunde genommen wunderbar, denn nachdem ich von der Wirtschaft, der Tüchtigkeit und dem rasanten technologischen Fortschritt der Japaner so eingeschüchtert war, hatte ich eine Kluft der Trends zwischen uns entdeckt, die so riesig ist, daß ihre scharfen jungen Rockrebellen sogar auf einen in die Jahre gekommenen Trottel wie mich wirkten wie haltungslose, verrückt gewordene Wiener Würstchen. Sie kaufen unsere Musik, hören unsere Musik, spielen unsere Musik, aber sie *verstehen* unsere Musik nicht. Ich muß zugeben, daß ich sie meistens auch nicht verstehe, aber ich bin zumindest so cool, das auch zu wissen.

Das bedeutet jedoch nicht, daß wir gar nichts von ihnen lernen können. Als wir das Gelände verließen, kamen wir an einem Groupie vorbei, das jung und unschuldig aussah und gegen den gelben Lastwagen einer Band lehnte, auf dem ein großes Schild verkündete:

KING
FUCKER
CHICKEN

Man muß zugeben, daß dies ein guter Name für eine Band ist.

7

HUMOR IN JAPAN

Nehmen Sie mein Tofu! Bitte!

Mich beschäftigt schon seit geraumer Zeit die Lage des Humors in Japan, denn Humor ist meine Branche, und in jeder Branche muß man vor einer möglichen Konkurrenz aus dem Ausland auf der Hut sein.

Natürlich halten die meisten Amerikaner Japan nicht gerade für ein humorvolles, lustiges Gacker-Land. Amerikaner sehen Japan, wenn man die Länder dieser Erde mit einer Schulklasse vergleichen würde, als das vertrottelte kleine Kind mit den dicken Brillengläsern, das immer in der ersten Reihe sitzt, nie Blödsinn macht, freiwillig siebenunddreißig Aufsätze schreibt und diese in farblich abgestimmten Ordnern abheftet. Von den Japanern erwarten wir keinen Humor, eine Tatsache, die sich in unserer Wirtschaft widerspiegelt: Derzeit werden nur 0,08 Prozent des in den Vereinigten Staaten konsumierten Humors aus Japan importiert.[1]

Aber das entspricht genau der Situation, in der sich unsere Autoindustrie vor dreißig Jahren befand, und wo steht sie *jetzt*? Ich befürchte sehr, daß schon jetzt, wenn Sie dieses Buch lesen, Techniker in japanischen Humor-Laboratorien die alten Filme von Woody Allen analysieren und mit sensitiven Instru-

---

1 Quelle: US-Handelsministerium, Statistische Abteilung, Amt für kleine Prozenteinheiten.

menten *genau* herausfinden, was zum Beispiel an der Szene in *Alles, was Sie schon immer über Sex wissen wollten (aber sich nicht zu fragen trauten)* lustig ist, in der Woody Allen von einer weiblichen Brust, die ungefähr so groß ist wie ein Taco-Bell-Gebäude, über ein Feld gejagt wird.

Mit Hilfe dieses Wissens und mit einer neuen Generation von leistungsfähigen, technisch ausgereiften, Humor erzeugenden Computern, wie dem YUK-3000X, könnten die Japaner neue, moderne, verbraucherfreundliche und leicht erzählbare Witze entwickeln, mit Pointen, die immer funktionieren. Vielleicht stecken sie schon in den Startlöchern, bereit, den amerikanischen Markt mit unvorstellbaren Mengen von billigem, zuverlässigem Gelächter zu überfluten, wodurch Tausende von amerikanischen Humorarbeitern auf der Straße landen würden und ein kümmerliches, ungesichertes Leben fristen müßten, indem sie Fußgängern Beleidigungen entgegenschreien. Es könnte schäbig werden. Unschuldige Menschen könnten von Torten getroffen werden.

Ich möchte nicht mit ansehen, wie mein Kind in einem solchen Land aufwächst, nicht bei diesen hohen Reinigungskosten. Deshalb wollte ich unbedingt herausfinden, was die japanische Humorindustrie im Schilde führt.

Nicht sehr viel, war mein erster Eindruck. Nach westlichem Verständnis verhalten sich Japaner in der Öffentlichkeit sehr zurückhaltend; ich habe kaum jemanden laut lachen gehört. Ich sah jedoch jede Menge Comic-Bücher, die in Japan zwar weit verbreitet, aber selten lustig sind. Sie gleichen vielmehr Erzählungen oder Action- und Abenteuerserien und enthalten in der Regel eine Menge Gewalt und Sex.

Ein paar Mal stand ich in der Tokioter Metro neben Geschäftsleuten mittleren Alters, die einen Geschäftsanzug trugen und ein dickes Comic-Heft in den Händen hielten, das sie eifrig und mit finsterer Miene lasen, als ginge es um irgendwelche Verkaufsanalysen für das dritte Quartal; wenn es mir gelang, einen Blick darauf zu werfen, sah ich eine nackte Frau mit so großen Brüsten, das ich fast erwartete, einen kleinen Cartoon mit Woody Allen zu sehen, der gerade vor ihnen davonläuft.

Das kam mir seltsam vor, denn ich halte Japan für ein wesentlich restriktiveres Land als die Vereinigten Staaten, dennoch sieht man in amerikanischen Schnellzügen nie Geschäftsleute, die in der Öffentlichkeit Sex-Comics lesen. Sie vergraben ihre Köpfe im *Wall Street Journal*. Das ist rätselhaft. Vielleicht muß man im *Journal* durch eine dichte Schutzschicht von 158 Seiten kleiner, einschläfernder Artikel über die Zukunft von Mayonnaise dringen, um dann auf eine gespenstische, vierfarbige Comic-Geschichte mit dem Titel »Die Wirtschaftsfakultät bebt vor Wollust« zu stoßen. Vielleicht ist dies eines der Geheimnisse, die an der Wirtschaftsschule in Harvard gelehrt werden.

In Japan werden Sex-Comics jedoch in aller Öffentlichkeit gelesen, worüber sich eine Menge Leute aufregen, denn sie handeln oft von Vergewaltigungen und anderen sexuellen Gewalttaten gegen Frauen und sogar gegen junge Mädchen. Dennoch ist die Zahl der Sexualverbrechen in Japan wesentlich niedriger als in den Vereinigten Staaten.

Und ein weiterer Widerspruch bringt einen ins Grübeln. Überall in Japan ist sexuell freizügiges Material offen erhältlich, und außerdem gibt es viele

»Massagesalons« und Sexrevuen. Natürlich besuchte ich persönlich keine dieser Revuen wegen meiner ausgeprägten Moralvorstellungen sowie der Begleitung meiner Frau. Aber ich sprach mit einem Journalisten, der mit einer Gruppe weiterer Journalisten zwecks rein journalistischer Recherchen eine Revue besucht hatte, und er sagte mir, sie seien ziemlich eindeutig.

»Eine Frau stellte die unglaublichsten Sachen mit ihrer Vagina, einem Jojo und Obst an«,[2] waren seine Worte.

In Japan wird also mit Sex ziemlich offen Handel betrieben, während es gleichzeitig eine gesetzliche Zensur gibt, die nach amerikanischen Maßstäben prüde erscheint. Zum Beispiel sind Schamhaare nicht erlaubt. Ich meine, bei den Menschen sind sie erlaubt, aber nicht auf *Bildern* von Menschen. Wenn man die amerikanische Ausgabe des *Playboy* in Japan kauft, stellt man fest, daß jemand mit einem scharfen Gerät *sämtliche Schamhaare ausgekratzt hat.* Das stimmt wirklich. Sehen Sie sich das Playmate des Monats[3] an, das zwar eine eindrucksvoll erotische und verführerische Pose einnimmt, aber statt Schamhaaren kleine *Wolken* hat, so als hätte ihr Fortpflanzungsorgan Feuer gefangen oder als sei es auf irgendeine ungewöhnliche Art in ein kleines Tiefdruckgebiet geraten.

»Hey!« denkt sie. »Es regnet auf meine ganz private Stelle.«

In den japanischen Illustrierten bedecken kleine

---

2 Nein, ich werde nicht näher darauf eingehen.

3 *Name*: Krystal. *Was sie mag*: Aerobics. *Was sie nicht mag*: Wörter mit mehreren Silben.

Wolken die privaten Stellen *aller* abgebildeten Menschen. Die Regierung beschäftigt Leute, die eine Illustrierte nach der anderen nach Schamhaaren durchforsten und den Tag in der Welt des Schritts verbringen. Ich frage mich, wie DIESER Beruf wohl sein mag. Ich frage mich, ob die Angestellten in der Mittagspause über ihre Arbeit reden. (»GLAUBEN Sie der Miss Oktober?« »Nein! Ich verbrauche Unmengen von Rasierklingen. Sie sieht aus, als sei sie von einem Vielfraß angefallen worden!«)

Soweit ich mich erinnern kann, sind in Japan Comic-Hefte kein echtes humoristisches Medium. Und die humoristischen Fernsehsendungen, die ich in Japan gesehen habe, waren entweder Kopien amerikanischer Sendungen oder es waren sogar amerikanische. Ich sah zum Beispiel einige Male die Sendung *Alf*. Obwohl sie synchronisiert war, konnte ich ihr folgen, denn das Gelächter im Hintergrund signalisierte dem Publikum, wann Alf etwas Lustiges sagte, was natürlich jedesmal der Fall war, sobald Alf etwas sagte. Ich fand ihn auf japanisch genauso lustig wie auf Englisch. Im Grunde genommen noch lustiger. Mein Sohn und ich starrten auf den Fernseher mit dem gleichen fischähnlichen Blick, den wir immer bei der englischen Fassung bekommen.

Wenn man im Leben schon genug ferngesehen hat, *muß* man nicht alles verstehen, was gesagt wird. Das Wesentliche begreift man auch so. Wenn in einer japanischen Nachrichtensendung die Sprecher glückliche Gesichter haben und lebhaft sprechen, weiß ich, daß die Meldung gut ist, zum Beispiel, daß japanische Wissenschaftler einen Weg gefunden haben, das Programmieren von Videorecordern für Amerikaner noch schwieriger zu gestalten; wenn die Sprecher jedoch ernste Stimmen und finstere Mienen haben, kündet dies eine schlechte Meldung an, zum Beispiel die Zunahme des Aalmangels. Wenn die Teilnehmer einer Quizsendung traurig aussehen, dann haben sie verloren; lachen sie jedoch, vergießen Freudentränen und umarmen sich glücklich wie Menschen, die gerade auf wundersame Weise von Krebs geheilt worden sind, dann haben sie eine Mitgliedschaft im Golfclub gewonnen. Es ist genau wie zu Hause.

Wenn man aufmerksam zusieht, kann man sogar Seifenopern verstehen. Das fand ich eines Tages in Hiroshima heraus, als wir mit einem Dolmetscher zu Mittag aßen. Wir waren in einem winzigen Restaurant, in dem das Essen nach *Okonomi-yaki*-Art zubereitet wird. Man sitzt dort an einem langen heißen Backofen, und der Koch zaubert pfannkuchenähnliche Köstlichkeiten aus Nudeln, Kohl, Schweinefleisch und vielen anderen Dingen, übergießt sie mit Worcestersauce, bevor er sie dem Gast hinüberschiebt, und der ißt sie gleich vom Blech.[4]

Über dem Ofen war ein Fernseher, in dem eine Seifenoper mit einer Frau in der Hauptrolle lief, die gerade einige Kleider packte und mit zwei Kindern sprach. Meine Frau Beth, die sich in Amerika keine Seifenopern anschaut, sah einen Moment lang zu und begann dann zu unserer Überraschung zu erklären, was die Frau gerade sagte:

BETH: Sie erzählt ihnen, daß sie für immer geht.
DOLMETSCHER: Das stimmt!

---

4 Oder der Koch schiebt sie direkt auf Ihren Schoß, Sie schreien und werden nie wieder Kinder haben.

Beth: Sie sagt, es sei besser für alle, weil sie und ihr Vater nicht mehr miteinander auskommen.
Dolmetscher: Ja!
Beth: Sie erzählt ihnen, daß sie jetzt stark sein müssen.
Dolmetscher: Genau!
Beth: Sie sagt, daß sie jetzt die Frauen in der Familie sind.
Dolmetscher: Wie *machen* Sie das?
Beth: Oh, ich weiß es einfach.

Es ist also möglich, die Kluft zwischen beiden Kulturen zu überwinden. Man schafft es mit Seifenopern und Beth, aber ich glaube kaum, daß wir es mit Humor schaffen werden. Diese Aussage beruht auf meiner Erfahrung mit japanischer Alleinunterhaltung.

Tatsächlich kann man von kniender Alleinunterhaltung sprechen, denn die Darsteller knien. Dabei handelt es sich um *Rakugo*, eine Darstellungsform, in der ein Schauspieler humoristische, häufig traditionelle Geschichten erzählt. Soweit ich es beurteilen kann, kommt es unseren Comedy-Clubs am nächsten.

Wir besuchten eine *Rakugo*-Vorstellung in Begleitung der hervorragenden Dolmetscherin Itsuko Sakai, die als junges Mädchen mehrere Jahre in den Vereinigten Staaten gelebt hat und sehr gut Englisch spricht. Sie erzählte uns, daß die Umstellung für sie sehr schwer war, als sie nach Japan zurückkehrte, denn sie hatte viele amerikanische Gewohnheiten angenommen. »In Japan«, sagte sie, »ist es in Ordnung, wenn man als Ausländer anders ist. Das wird sogar erwartet, und die Menschen sind dann sehr hilfsbereit. Wenn man allerdings japanisch aussieht und sich nicht wie ein Japaner *verhält*, sind die Menschen oft sehr pikiert.«

Itsuko erzählte, daß sie viel für wichtige Regierungsagenturen übersetzt, die sich mit technischen Angelegenheiten befassen, wie zum Beispiel mit internationalen Verhandlungen über Fischereirechte. Sie war sich nicht sicher, wie gut sie den Humor des *Rakugo* übersetzen konnte, aber sie war bereit, es zu probieren.

Die Vorstellung fand in einem kleinen Theater statt; die Bühne war leer, abgesehen von einem Kissen, vor dem ein Mikrophon stand. Beth, Robby und ich setzten uns nach hinten; Itsuko saß eine Reihe hinter uns und lehnte sich vor, damit sie uns die Übersetzung zuflüstern konnte. Wir waren die einzigen Ausländer dort. Das Publikum war sehr leise, wie es das japanische Publikum in der Regel immer ist. Es wurden keine alkoholischen Getränke verkauft, und Zwischenrufe gab es natürlich auch nicht. Hin und wieder wurde gelacht, aber oft verstrichen lange Minuten, in denen sich niemand muckste, sondern alle sehr ernst aussahen, wie Zeugen einer Autopsie, während der Darsteller seine Geschichten erzählte. Ein amerikanischer Kabarettist hätte sich bei dieser überwältigenden Reaktion der Menge spätestens nach dem dritten Witz die Pulsadern aufgeschnitten.

Itsuko gab sich redlich Mühe mit der Übersetzung der einzelnen Stücke, aber meistens war es völlig aussichtslos. Die Darsteller erzählten oft fünf Minuten lang ausschweifende Geschichten, bis sie zur Pointe kamen, die sich dann als unverständlich für uns herausstellte, da sie auf einem Wortspiel oder auf der

Kenntnis der japanischen Schriftsprache aufbaute. Manchmal verstand Itsuko den Witz nicht. Manchmal schien es so, als verstehe *niemand* den Witz. Viele Geschichten waren scheinbar wahllos einer Sammlung von Aussagen entnommen, die vom Mars heruntergebeamt worden war. Nach einer Weile lachten wir einfach nur, weil wir überhaupt nichts verstanden.

Ich schrieb jedoch so schnell ich konnte mit, und, meine Damen und Herren, es folgen ohne weitere Umschweife zu Ihrer Unterhaltung ... meine Aufzeichnungen des *Rakugo*-Konzertes! Ein warmer Applaus zur Begrüßung von Kapitel Sieben!

(APPLAUS)

Vielen Dank. Zuerst kommt also der junge Mann auf die Bühne und kniet auf dem Kissen nieder. Er erklärt, daß er *Rakugo* studiert, und feuert die beiden folgenden Einzeiler über seinen Lehrer ab:

1. »Mein Lehrer mag Baseball, und oft verwendet er den Reislöffel als Schläger.«
2. »Ihm gefällt Baseball so gut, daß er uns tote Bälle nennt.«

Obwohl das Publikum nicht lacht, bezeichnet es der junge Mann lobend als gutes Publikum. Dann bemerkt er, daß der Kiefer nach unten gehalten werden sollte, wenn man jemandem ein Lob ausspricht, denn hält man den Kiefer nicht nach unten, klingt es unhöflich. Er führt diese Technik vor.

Dann macht er einen langen Witz mit einem Wortspiel über Sake und mit vielen Dialogen wie diesen:

»Ich habe gehört, daß es bei Ihnen Sake umsonst gibt.«

»Aber er ist nicht umsonst.«

»Sie sollten mich loben.«

»Gut, was soll ich sagen?«

»Sagen Sie, mein Geschäft ist sauber.«

»In Ordnung, Ihr Geschäft ist sauber.«

Das geht einige Minuten lang so weiter, wobei das Publikum nicht mehr Reaktionen zeigt als ein Haufen Kieselsteine. Plötzlich geht es um Babies:

»Ich höre, Sie haben ein neues Baby?«

»Ja.«

»Das Kind hat eine Glatze und viele Falten. Es muß ein schweres Leben gehabt haben. Ich kann sogar Spuren eines Schnurrbartes erkennen.«

»Das ist der Großvater.«

Wir Amerikaner lachen an dieser Stelle, aber wir sind die einzigen. Vielleicht kennen die Japaner den Witz schon. Der Dialog geht weiter:

»Hier ist das Baby! Wenn ich auf seinen Bauch drücke, schreit es.«

»Hören Sie auf damit! Sie werden das Baby umbringen!«

Das ist scheinbar das Ende, obwohl auch hier niemand lacht. Schließlich kommt ein anderer Mann auf die Bühne. Er ist ein wenig älter. Er sieht uns im Publikum.

»Wir haben Ausländer hier«, sagt er.

Wir nicken.

»Sie nicken«, fährt er fort. Dann startet er eine lange Geschichte über ein Vorstellungsgespräch bei einer Zeitschrift. Im folgenden die Zusammenfassung der Geschichte.

Als der Mann zum Vorstellungsgespräch kam,

wurde er von drei schönen Frauen mit Stöckelschuhen in Empfang genommen.

Sie baten ihn, sich zu duschen, was er auch tat.

Dann fesselten sie ihn. »Ich fühlte mich wie ein Roastbeef«, sagte er.

Dann liefen sie mit ihren hohen Absätzen auf ihm herum.

Dann legten sie ihm Handschellen an.

Dann versuchten sie, ihn auf ein X-förmiges Gestell zu legen, aber es war zu groß.

Sie stellten eine brennende Kerze in seine Nähe, er streckte sich und paßte nun auf das Gestell.

Ende der Geschichte.

Wir sind verblüfft. Itsuko ist verblüfft. Das Publikum ist völlig still. Fünfundzwanzig Minuten der Komödie sind verstrichen, und es hat keinen einzigen spontanen Lacher gegeben, außer unserem zum falschen Zeitpunkt.

Der nächste Darsteller ist ein achtzigjähriger Mann, der mit einem Violinbogen auf einer Säge musiziert.

»Ich bin nicht immer so alt gewesen, aber ich lebe schon seit achtzig Jahren«, sagt er. Er bekommt einen Lacher.

»Als ich jung war«, fährt der Mann fort, »sang ich immer den Blues bei Regen. Jetzt werde ich also mit einer Säge den Blues spielen.« Er spielt einen Tango auf der Säge. Es ist die netteste Wiedergabe eines Tangos, die ich je auf einer Säge gehört habe. Das Publikum applaudiert dem Mann recht ordentlich.

Dann kommt ein jüngerer Darsteller auf die Bühne. Er erzählt einen Witz, der die bisher größte Reaktion an diesem Abend erzielt. Hier ist der Witz in seiner gesamten Länge:

»Es ist sehr heiß. Vor zwei Tagen aß ich zuviel *Sushi.*« Pause. »Jetzt fühle ich mich nicht wohl.«

Als nächstes erzählt er mehrere Witze über die Namen der Schnellzüge in Tokio. In einem geht es um Badezimmer, da der Name der Haltestelle auch »mit Papier abwischen« bedeutet.

Beim nächsten Witz wird sehr viel gelacht: »Auf den Schildern von anderen Haltestellen steht ›Bitte zeigen Sie Ihren Fahrausweis‹. Auf den Schildern meiner Haltestelle steht: ›Sie sollten Ihren Fahrausweis nicht an andere Leute verleihen‹.«

Bei diesem Witz wird auch viel gelacht: »Ich sehe in diese Richtung, weil ich einen anderen Mann mit Glatze sehe. Sie sehen, wir haben denselben Kopf.«

Ein neuer Darsteller kommt auf die Bühne. Er erzählt, daß der Körper einer ertrunkenen Frau mit dem Gesicht nach oben im Wasser treibt, während ein männlicher Körper mit dem Gesicht nach unten schwimmt, weil er ein Gewicht hat.«

»Es wird ein Körper gefunden, der auf der Seite im Wasser treibt. Es stellt sich heraus, daß es ein Schwuler ist.« (*GELÄCHTER*)

Seine nächste Geschichte handelt von einem alten Mann, der an einem Restaurant vorbeikommt, in dem der Koch gerade einen Aal töten will. Der alte Mann hat Mitleid mit dem Aal, er kauft ihn dem Koch ab, wirft ihn in den Fluß und sagt: »Glück gehabt, daß ich gerade vorbeikam, Aal!«

Der Koch findet heraus, daß er damit eine Menge Geld verdienen kann, und immer, wenn der alte Mann vorbeikommt, macht er mit dem Hackebeilchen viel Theater um den Aal; der alte Mann kauft jedesmal den Aal und setzt ihn im Fluß aus. Eines Tages hat der Koch aber keinen Aal und nimmt deshalb ein Baby, als er den alten Mann sieht, und behauptet, daß es von einem Gast bestellt worden sei. Der alte Mann kauft ihm schockiert das Baby ab. »Glück gehabt, daß ich gerade vorbeikam, Baby!« sagt er und wirft es in den Fluß.

(*VIEL GELÄCHTER*)

Ein weiterer Mann kommt auf die Bühne und erzählt den längsten Witz der Welt, bestehend aus einem Dialog zwischen zwei Landstreichern:

»Warum kaufen wir nicht etwas Sake?«

»Weil wir kein Geld haben.«

»Warum besorgen wir uns keines?«

»Wo?«

»Von der Bank.«

»Du hast Geld auf der Bank?«

»Ich nicht. Andere Leute.«

»Ich würde gern an einen Ort fahren, wo man kein Geld braucht, aber ich habe für die Fahrt dorthin nicht genug Geld.«

Fünfzehn Minuten und ungefähr zwei Publikumsgluckser später nähert sich die Geschichte dem Höhepunkt, wo es um die Frage geht, ob die beiden Landstreicher das Tofu essen sollen, das sie am Tag zuvor bekommen haben. Die Landstreicher diskutieren und diskutieren. Das Publikum hört geduldig und mit völlig steinernem Gesichtsausdruck zu. Ein alter Mann, der zwei Reihen hinter mir sitzt, schnarcht laut. Der Dialog nimmt surreale Formen an, wie Itsuko uns zuflüstert:

»Vor zwei oder drei Tagen war es sehr heiß.«

»Bist du in Eile?«

»Ich bin in Eile, aber ich hetze nicht.«

»Was ist mit dem Tofu?«

»Es sieht schrecklich aus. Es sieht aus wie die Rückseite eines Hemdes.«

An dieser Stelle kommt ein arroganter Typ vorbei, und die beiden Landstreicher zeigen ihm das schlechtgewordene Tofu.

Der eingebildete Typ sagt: »Ich bin erstaunt, wie Sie an das Tofu kommen konnten. Unter uns Gourmets ist es sehr beliebt.«

Und dann *ißt er es*! Ha-Ha! Verstanden? Der eingebildete Typ *ißt das schlechte Tofu*. Wenn das kein Witz zum Totlachen ist.

Gut, das *Rakugo*-Publikum lachte LAUT bei diesem Witz. Lauter als bei der Baby-im-Fluß-Geschichte. Sogar der schnarchende Mann wachte auf und lachte.

Es gab also doch einige Schenkelklatscher, aber im Grunde genommen beunruhigte mich der Gedanke an eine potentielle japanische Gefahr für die amerikanische Humorindustrie nicht mehr. Japan ist eindeutig noch weit davon entfernt, die Art von gehobenen Humor-Mechanismen zu entwickeln, die den Amerikanern gefallen, wie zum Beispiel Witze unterhalb der Gürtellinie, Witze über das Repräsentantenhaus und Popelwitze. Unser Vorsprung ist sogar so groß, daß wir meiner Ansicht nach eine konzertierte Aktion zur Reduzierung unseres Handelsdefizites starten sollten, indem wir mehr amerikanische Humorprodukte auf den japanischen Markt bringen und dabei mit denen anfangen, die leicht in fremde Kulturen übertragen werden können:

Erste japanische Person: Wah ga no SAH ma ha no ga mah?

Zweite japanische Person: Nah ha mah go wah sa NAH mah ha. (Pause)

ODER???

8

SPORT IN JAPAN

»Laut laß ihn fliegen«

Bei japanischen Sportarten denkt man sofort an Sumo-Ringen, eine alte, traditionsreiche Sportart. Sie wird von großartigen Sportlern ausgeübt, die sich mit einer strengen, jahrhundertealten Diät auf ihre Kämpfe vorbereiten, indem sie 275 Pfund Hägen-Dazs-Nußeis pro Tag essen.

Aber die Kalorienaufnahme durch die viele Eiscreme scheint nicht allein verantwortlich zu sein für die Bildung von Fett bei diesen Sportlern. Ich habe den Verdacht, daß einige von ihnen chirurgisch vergrößert werden. Ich wäre nicht überrascht, wenn ich erfahren würde, daß Schönheitschirurgen im Gebiet von Los Angeles das Fett, das sie ihren Patienten absaugen, an japanische Unternehmen verkaufen, die es in umgerüsteten Öltankern über den Pazifik nach Japan verschiffen, wo es den Sumo-Ringern injiziert wird mittels eines Prozesses mit der Bezeichnung »Fetteinpumpen«, der im wesentlichen darin besteht, den Schalter der Absaugmaschine von »ABSAUGEN« auf »PUMPEN« zu stellen.[1]

Der Grund, warum diese Ringer soviel Gewicht mit sich herumschleppen müssen, liegt darin, daß sie in ihrer traditionellen Kampfuniform — im wesentli-

---

1 Achtung: Von einem Versuch bei Ihnen zu Hause ist dringend abzuraten.

chen ein sehr großes Suspensorium — so attraktiv wie möglich aussehen wollen. Jeder führende Modeberater wird dies bestätigen können: »Oh ja, vom optischen Standpunkt aus gibt es nichts Reizvolleres als einen Mann, der zwei- oder dreihundert Pfund Übergewicht mit sich herumschleppt und nackt ist, abgesehen von einem Suspensorium mit einem dünnen Streifen, der hinten entlangführt, und es den Schamhaaren und Hinterbacken von der Größe der Lincoln-Gedenkstätte erlaubt, überall aus dem Gewand herauszuhängen.«

Ja, Sumo-Ringer stellen zweifellos eine optische Bedrohung dar. Man muß jedoch schnell hinsehen, denn die Kämpfe sind sehr kurz. Nach den Sumo-Regeln betreten zwei Ringer einen kleinen Ring, und der erste, der den anderen zu Boden schlagen oder aus dem Ring schieben kann, ist Sieger. Dazu benötigt er in der Regel nicht mehr als ein paar Sekunden, und dann können die beiden Ringer nach Hause gehen und jede fette Zelle wieder auffüllen, die sie vielleicht in dem Zweikampf verloren haben. Man kann also nicht gerade von einer sehr aktionsreichen Sportart sprechen. Ein wichtiger Sumo-Meisterschaftskampf, vergleichbar mit dem Endspiel der Baseball-Meisterschaft, ist im allgemeinen schon vorbei, bevor ein einziger amerikanischer Baseballspieler seinen Schutzhelm für das amerikanische Fernsehen auch nur zurechtgerückt hat.

Ich glaube nicht, daß Sumo in den Vereinigten Staaten populär werden kann. Die Amerikaner sind daran gewöhnt, die großen Sportveranstaltungen in Form eines massiven und übermäßigen Fernseh-Rundumschlags wie beim Football-Endspiel präsentiert zu bekommen. Diese Methode würde bei einem

Sumo-Meisterschaftskampf, angesichts der extrem kurzen Dauer, nicht besonders gut funktionieren:

SPRECHER: Und jetzt, nachdem Wayne Newton, die Bostoner Philharmoniker und die weltberühmten Rockettes die sensationelle vierzehnminütige Interpretation der Nationalhymne beendet haben, die in dem erstmaligen Versuch gipfelte, ein Raumschiff aus dem Innern eines überdachten Stadions abzuschießen, kommen wir endlich zum Ende unserer Vor-Kampf-Show, die gestern um 16:00 Uhr begann, wie Sie sich vielleicht erinnern können.

ERSTER EXPERTE: Das ist richtig, Jim. Die Zeit des Spekulierens ist vorbei, und jetzt ist es für diese beiden großen Sumo-Ringer soweit, in den Ring zu steigen und ein für allemal zu entscheiden, wer die Nummer eins ist.

ZWEITER EXPERTE: Das ist richtig, Norm und Jim. Und eine Menge Kapazitäten stehen uns bei diesem langersehnten Ereignis zur Seite, wie dieser Panoramablick, aufgenommen mit unserer exklusiven Dachkamera, zeigt.

DRITTER EXPERTE: Das ist richtig, Norm, Jim und Ted, und wie man aus dieser Nahaufnahme unserer exklusiven Hot-Dog-Verkäufer-Kamera ersehen kann, sind die Fans genauso gespannt wie unsere Millionen Zuschauer in der ganzen Welt, in Erwartung dieses langersehnten Ereignisses.

VIERTER EXPERTE: Das ist richtig, Norm, Jim, Ted und Bob. Es gibt keinen einzigen Grund, warum die Fans jetzt noch ihren Platz verlassen würden, wie diese Aufnahme der vollkommen leeren Männertoilette unserer exklusiven Urinal-Kamera zeigt. Und deshalb bereiten wir uns langsam ...

ZWEITER EXPERTE: Ah-Oh.
SPRECHER: Was ist?
ZWEITER EXPERTE: Ich sehe gerade auf die Jungs im Kontrollwagen mit unserer exklusiven Jungs-im-Kontrollwagen-Kamera, und sie halten ein handgeschriebenes Schild hoch, auf dem steht: »Der Kampf hat gerade stattgefunden, ihr Schwachköpfe.«
SPRECHER: Gut, vielleicht können wir diese beiden großartigen Ringer im Umkleideraum einholen und mit unserer exklusiven ...

Nein, in Amerika wird Sumo nie groß herauskommen. Es ist aber trotzdem eine Sportart, die außerordentliche Stärke, Beweglichkeit, Training, Geschicklichkeit und strategisches Denken erfordert und für den Zuschauer faszinierend ist. Bei aller Fairneß muß ich dennoch zugeben, daß ich lüge. Für mich bestand Sumo lediglich aus zwei äußerst fetten Typen mit Suspensorium, die ungefähr drei Sekunden lang übereinander herfielen und es dann als ihren großen Tag bezeichneten. Aber sie schienen so viele Leute zu fesseln, daß ich annehme, ich muß etwas verpaßt haben.

Ich sah die Leistung einiger Topringer Japans dank Hiroshi Ishikawa vom ausländischen Pressezentrum, der mich zu einem Sumo-Schaukampf auf dem Sportplatz einer Junior-Highschool in der kleinen Stadt Otombecho, nördlich von Tokio und ungefähr neunzig Minuten mit dem Zug entfernt, mitnahm. Es war ein schwüler Tag, und die Sonne brannte, aber der Schaukampf war ein großes Ereignis, ein regionaler Feiertag, und Tausende von Menschen kamen. Auf Decken – es gab keine Stühle – und in langen Hosen oder Kleidern saßen sie stundenlang, geduldig wartend, um den Kampfring in der Sonne.

Die meisten Ringer warteten in der Turnhalle, bis sie an die Reihe kamen. Dann bewegten sie sich mit schwerfälligem und watschelndem Gang auf den Ring zu; mit der Größe ihrer Oberschenkel können sie die Gezeiten beeinflussen. Diese Männer waren gewaltig und hatten keine Ähnlichkeit mit den typisch kleinen, schmalen, normalen Japanern, die zur Seite traten und jeden Ringer anstarrten, der durch die Menschenmenge schritt und sich dabei wie ein Rhinozeros bewegte, das eine Vogelschar aufscheucht. Hiroshi und ich bekamen ebenfalls große Augen, als ein riesiger Mann vorbeiwatschelte, der so aussah, als würde er leicht vierhundert Pfund auf die Waage bringen.

»Jetzt fragst du dich, wie wir den Krieg verlieren konnten«, sagte Hiroshi.

Vor jedem Kampf vollziehen die beiden Gegner ein altes traditionelles Ritual, indem sie in die Hände klatschen, etwas Salz in den Ring werfen, sich setzen und einzeln ihre Beine zur Seite heben, sie wieder aufstampfen, als wollten sie alte traditionelle Küchenschaben töten. Es handelt sich um ein äußerst traditionelles und symbolträchtiges Ritual und sieht in den Augen eines unwissenden Touristen so komisch aus, daß ich wahrscheinlich laut gelacht hätte, wenn ich nicht gewußt hätte, daß diese Männer in der Lage waren, mich in einen platten, unwissenden, rötlichen Fettfleck zu verwandeln, indem sie sich einfach auf mich setzten.

Nach dem Ritual traten die beiden Ringer in den Ring und demonstrierten außerordentliche Kraft, Beweglichkeit, Fähigkeit, Geschicklichkeit und strategisches Denken, das alles geschickt verborgen hinter der Maske zweier übergewichtiger, aufeinander losstürzender Männer, von denen einer den anderen sofort aus dem Ring beförderte. Danach drückten die Fans ihre Anerkennung für den Sieger mit wilder Begeisterung japanischer Art aus, das heißt, sie wurden so laut und rüpelhaft wie ein einziger gurgelnder Amerikaner.

Einige der Ringer watschelten nach ihrem Kampf zu den Verkäufern, mischten sich unter die Fans und bekamen einen Imbiß und Getränke. Ich fand das recht ordentlich. Es war, als befände man sich bei einem, sagen wir mal, Footballspiel zwischen den Profis der Chicago Bears und der Detroit Lions, und nach dem Spiel läßt sich ein Stürmer in Uniform am Imbißstand blicken. Ich beobachtete, wie ein schweißtriefender Ringer ein Getränk vom Verkäufer akzeptierte, seinen Kopf zurücklegte und den gesamten Inhalt mit einem Schluck hinunterstürzte, dann einen Rülpser ausstieß, wobei er Fettwellen auf seinem massigen Bauch in Bewegung setzte, auf denen man surfen konnte. Er trank eine Diät-Cola.

In der Nähe stand ein weiterer Verkäufer hinter einem Tisch, der mit einem Berg von seltsamen, rötlich-violetten, schneckenähnlichen Dingen bedeckt war. Ich ging näher und entdeckte, daß es Greifarme waren. Die man zuerst bezahlen und dann *essen* sollte. Ich starrte sie mit Entsetzen an, worüber sich der Verkäufer amüsierte; er sagte etwas zu mir, grabschte dann eine Handvoll Greifarme, schob sie in den Mund und begann zu kauen. Er lachte beim Kauen, und das Ende eines Greifarms ragte aus seinem Mund heraus und bewegte sich hin und her, als ob er einen lebenden Tintenfisch darin hätte.

Immer noch kauend, nahm der Mann einen Greifarm, warf ihn mir zu und rief etwas. Eine kleine Menschenmenge beobachtete uns jetzt.

»Er möchte, daß du probierst«, sagte Hiroshi.

»Mach schon«, sagte meine Frau, der ich immer vertraut hatte.

»Ja, Dad! Probier es!« sagte mein Sohn, der mit seinem *eigenen Essen* so mäkelig ist, daß er nur ganz bestimmte Teile einer Pizza ißt.

Ein immenser Gruppenzwang wurde auf mich ausgeübt, so daß ich den Greifarm in meinen Mund steckte und versuchsweise darauf kaute. Und obwohl ich, wie Sie wahrscheinlich schon herausgefunden haben, kein großer Anhänger von exotischen Lebensmitteln bin, muß ich in aller Offenheit sagen, daß es wirklich schrecklich war. Die Empfindung kann ich am besten so beschreiben: Es ist, als kaue man auf einem Tintenfischarm, nur noch etwas schlimmer. Es kam mir in den Sinn, daß beim Herunterschlucken die Saugnäpfe spontan aktiv werden und sich auf halbem Weg in meiner Speiseröhre festsaugen könnten. Würgend wankte ich zum Abfalleimer und spuckte den Tintenfisch aus, wobei der Verkäufer und die Menschenmenge herzhaft lachten, ebenso mein Sohn, dem ich in meinem Testament keinen Pfennig vermachen werde.

Ich kann nicht gerade behaupten, daß ich scharf darauf bin, weitere Sumo-Ringkämpfe zu sehen. Auch bin ich kein großer Anhänger einer anderen, sehr beliebten Sportart in Japan — nämlich Golf. In vielen Städten sahen wir mehrstöckige Plätze, oft mitten in der Stadt und mit riesigen Netzen umspannt, damit die Bälle nicht herausfliegen und die allgemeine Bevölkerung erschlagen. Wir sahen auch Pendler, die ihre Schläge (ohne Schläger natürlich) auf den Bahnsteigen übten. Und wir sahen überall Fachgeschäfte für Golfausrüstung und -bekleidung. Japaner essen, schlafen und atmen Golf; das einzige, was sie jedoch nicht machen, ist tatsächlich *Golf spielen*, denn der Platz muß ungefähr 137 Jahre im voraus bestellt werden, was bedeutet, daß man schon lange gestorben sein wird, bevor man auch nur zum ersten Baum gelangt. Das ist bei Golf natürlich kein großes Handicap.

Selbstverständlich ist Golf auch in den Vereinigten Staaten sehr beliebt, eine Tatsache, die mir rätselhaft ist, denn eine Runde Golf ist etwa so spannend und aufregend wie die Suche nach dem Auto in einem Flughafen-Parkhaus; allerdings werden dabei höhere körperliche Anforderungen gestellt als beim Golf, wo man sich mit einem kleinen Wagen fortbewegt. Trotzdem fällt mir auf, daß Golf meine Arbeitskollegen mit zunehmendem Alter immer mehr in Anspruch nimmt. Zuerst sind sie normale Männer, die richtige Sportarten wie Basketball und Football mögen und versuchen, auf bestimmte Mitarbeiter mit Gummibändern zu schießen, und dann, von einem Tag auf den anderen, reden sie plötzlich darüber, wie sie mit einem Wedge einen Schlag über Par erzielen. Sie können sich weder an das Alter oder gar an die Namen ihrer Kinder erinnern, aber sie können in allen Einzelheiten herunterleiern, was an jedem einzelnen Golfloch passiert ist, an dem sie je gespielt haben. Es ist erschreckend, eine solche Veränderung bei jemandem zu beobachten, von dem man bisher meinte, ihn zu kennen. Es ist wie in dem Film *Die Körperfresser kommen*, als die schöne Heldin glaubt, sie sei das einzige menschliche Wesen auf dieser Welt, von dem der Teufel Pod Things aus dem Weltall nicht Besitz ergriffen hat, und plötzlich sieht sie Donald Sutherland und geht auf ihn zu, überwältigt vor Freude darüber, daß sie nicht allein ist, nur um vor Entsetzen zurückzuweichen, als er ihr am schockierenden Ende des Films eröffnet, daß er sich dafür entschieden hat, sich der Herrschaft des Teufels zu unterwerfen.

In Japan spielte ich also nicht Golf. Aber ich sah mir ein Baseballspiel an, schon seit langer Zeit eine bedeutende Sportart dort. Ein vielbeachtetes Sportereignis in Japan ist das jährliche Baseballturnier an den Highschools, von denen eines gerade stattfand, als wir dort waren, und das die Menschen sich überall auf winzigen tragbaren Fernsehgeräten ansahen. Tom Reid von der *Washington Post* nahm mich an einem Nachmittag mit zu einem Halbfinalspiel zwischen der Kugayama Highschool und der Kogaguin Highschool in einem Tokioter Stadion. Das Stadion war schon gut gefüllt mit Erwachsenen, die konservative Kleidung trugen, und Studenten, die in Uniformen steckten und in offiziellen Anfeuerungsreihen standen.

Das Anfeuern übernimmt bei japanischen Sportveranstaltungen eine dafür vorgesehene Gruppe. Anders als in den Vereinigten Staaten betrachtet es nicht jeder Fan als ein in Artikel VI der amerikanischen Verfassung verankertes Recht, seine Mannschaft anzufeuern und seine eigenen individuellen und einzigartigen Gefühle lauthals preiszugeben, so daß man eine große Anzahl unterschiedlichster Anfeuerungsrufe hören kann, mit denen der Schiedsrichter zum Beispiel als Arschloch oder Schwachkopf bezeichnet wird.

Bei einem japanischen Baseballspiel verhält sich die Menschenmenge jedoch die meiste Zeit gespenstisch ruhig. Einen guten Spielzug würdigen die

Anhänger mit Applaus und gelegentlich mit einem Gruppengeräusch, aber man hört praktisch nie den Zwischenruf eines einzelnen Menschen. Solch eine Entfaltung der Individualität wäre in Japan höchst unangenehm, in starkem Gegensatz zu Amerika, wo jemand sogar Filmangebote erhalten kann, der bei einer Sportveranstaltung geistreiche Beleidigungen hinausschreit.

In Japan sind für Schlachtrufe bestimmte Gruppen zuständig, die in bestimmten Abschnitten stehen und immer und immer und immer wieder ihr gleichbleibendes Anfeuerungsritual wiederholen. Bei dem Highschool-Spiel feuerten offizielle Zurufer ihre Mannschaft nur dann an, wenn sie am Ball war, und hielten sich höflich zurück, wenn die gegnerische Seite spielte.

Tom und ich saßen in der Nähe von Studenten der Kugayama Highschool — die Jungen in dunklen Hosen und weißen Hemden, die Mädchen in dem bei japanischen Schulen sehr beliebten Matrosenlook. Die Studenten folgten den Anweisungen, die einige Jungen auf Schildern hochhielten, und riefen nur dann angemessene Schlachtrufe aus. Wenn ein Schlagmann an der Reihe war, riefen sie immer: *»Kato ba se!«*; die wörtliche Übersetzung lautet nach Tom »Laut laß ihn fliegen!« In seinem japanisch-englischen Wörterbuch war eine umgangssprachliche Übersetzung: »Einen Home-Run erzielen!«

Es gab auch eine Band und eine Gruppe von männlichen Cheerleadern, die schwarze Hosen, Kugayama T-Shirts, Haarbänder im Samuraistil und weiße Handschuhe trugen. Alle paar Minuten stimmte die Band das Kampflied der Kugayama-Highschool an, und die Cheerleader erhoben ihre

Fäuste und machten einen kleinen Tanzschritt, der teilweise aussah wie ein altmodischer Boogie-Woogie und teilweise wie der Hora-Tanz. Es war besonders unterhaltsam zu beobachten, daß das Kampflied der Kugayama Highschool aus irgendeinem Grund zu der Musik von »Popeye the Sailor Man« gesungen wurde. Und noch besser war, daß die Hymne der gegnerischen Kogaguin Highschool mit der Musik des — ich schwöre — Mickey-Mouse-Lieds vertont war.

Da waren also zwei Gruppen hochbegeisterter Studenten, die zur Ehre ihrer Schule die Mannschaften anfeuerten, und wenn das Spiel an einen kritischen Punkt gelangte, erhob die eine Seite ihre Fäuste und sang mit der Intensität eines Samurais zu der Begleitmusik eines Liedes, das in den Ohren eines Menschen aus dem Westen äußerst eng mit der folgenden bewegenden Botschaft verbunden ist:

I'm Popeye the sailor man!
I'm Popeye the sailor man!
I'm strong to the finish
'Cause I eat my spinach
I'm Popeye the sailor man!

Daraufhin zeigte die gegnerische Seite ihren stolzen Kampfgeist und antwortete mit dem Mickey-Maus-Lied, womit sie die guten, alten Zeiten in Erinnerung riefen, als mutige Samuraikrieger im Land umherstreiften und in heldenhaften Schlachten, die in der traditionellen japanischen Literatur oft erzählt und in vielen Liedern besungen wurden, die amtlich zugelassenen Mauseohrenhüte aus dem Geschenkladen der Walt-Disney-World von den Köpfen ihrer Gegner schlugen.

Das Spiel an sich war weniger aufregend als die Cheerleader. Japaner, so erzählte mir Tom, spielen normalerweise konservativen Baseball. In diesem Spiel versuchte niemand, mit seinem Schlag zum zweiten Base zu kommen, sogar wenn die Chance dazu nicht schlecht stand. Wenn ein Läufer ein Base erreichte, schlug der nächste Läufer den Ball unweigerlich leicht und nah an die Baseline, unabhängig vom Punktestand. Kein einziger Läufer versuchte, zum nächsten Base vorzurücken, wenn der Schlagmann nicht geschlagen hatte. Unnötig zu sagen, daß es auch kein Tanzen, Spotten, Gestikulieren, Hochspringen oder gegenseitiges Händeabklatschen gab. Als das Spiel vorbei war (Kugayama hatte gewonnen), reihten sich die Mannschaften auf und verbeugten sich, zuerst vor jedem Gegner, dann vor den Anhängern; dann schrien die Spieler von Kugayama: »Banzai!«[2]

Tom und ich besuchten auch ein Profi-Baseballspiel zwischen den Yomiuri Giants und den Yakult Swallows.[3] Das Spiel fand in dem Stadion mit dem Kuppeldach in Tokio statt, das wegen seiner Form »The Big Egg« (das große Ei) genannt wird. Tom trug seinen eiförmigen Hut aus einem Souvenirladen, auf dem das folgende intelligente Wortspiel stand:

BIG **E**NTERTAINMENTS AND
GOLDEN **G**AMES

2 Wörtlich: »Wir sind die Nummer eins!«

3 Wenn Sie glauben, »Swallows« (Schwalben) sei ein blöder Name für eine Baseballmannschaft, vergessen Sie nicht, daß es in Hiroshima eine Mannschaft mit dem Namen »Carp« (Nörgler) gibt.

Die Eintrittskarten mußten wir einem Schwarzhändler abkaufen, denn das Spiel war ausverkauft, was bei den ungemein beliebten Giants normal ist. Aber die Menschenmenge war nicht lauter als die Menge, die beim Highschool-Spiel war. Das gesamte Anfeuern übernahmen zwei Gruppen bestens organisierter Fans in den für sie vorgesehenen Anfeuerungsreihen uns gegenüber. Um uns herum war Grabesstille. Ich konnte ehrlich nicht sagen, zu welcher Mannschaft die Leute hielten.

Ich fand die Gelassenheit irgendwie auch angenehm; mehr als einmal habe ich mir bei Sportveranstaltungen in Amerika gewünscht, daß ein umsichtiger Sicherheitsbeamter vorbeikommt und geräuschlos einen Pfeil abschießt, der den lauten, speienden Schwachsinnigen hinter mir lähmt. Aber trotzdem stimmte mit dieser ganzen Stille bei Sportveranstaltungen etwas nicht. Und nach vier Spieldurchgängen und zwei Gläsern Bier, als ein Schlagmann mit dem Namen Hara an der Reihe war, vergaß ich einen Moment lang, wo ich war, und sagte — einfach nur mit ruhiger Stimme und wirklich nicht laut — »Zeig's ihnen, Hara.«

Erinnern Sie sich an die Fernsehwerbung für E.F. Hutton, bei der zwei Leute auf einer dicht gedrängten Party miteinander reden und einer von ihnen sagt, daß sein Börsenmakler E.F. Hutton sei, und plötzlich wird es still im Raum und jeder dreht sich zu ihm um? Na ja, das ungefähr geschah im »Großen Ei«, als ich »Zeig's ihnen, Hara« sagte. Buchstäblich Hunderte von Köpfen drehten sich in meine Richtung, um den Störenfried zu sehen. Imbißverkäufer unterbrachen plötzlich ihre Tätigkeit und schauten in meine Richtung. Soweit ich mich erinnere, trat sogar

Hara kurz aus seinem Feld heraus, um zu sehen, wer den ganzen Lärm veranstaltete.

»Blöder Ausländer«, sagte Tom hilfreich. »Das ist noch nicht mal ein offizieller Schlachtruf.«

Zum Glück erkannte die Menge, daß ich nur ein Dummkopf war, der nichts kapierte, und man bat mich nicht, das Stadion zu verlassen oder sonst was. Ich war also immer noch da, als ein Spieler von den Giants einen Home-Run schlug. So durfte ich das traditonelle Home-Run-Ritual erleben, das darin bestand, daß ein Mädchen aus der Reservebank hervortrat und dem Spieler *eine Puppe* überreichte. Wirklich. Ich habe keine Ahnung, warum das gemacht wird, aber es gibt ein hübsches Bild ab: Der Held hielt diese Puppe, während die Anhänger gleichmäßig applaudierten. Ich zweifle allerdings daran, daß die professionellen Baseballspieler in Amerika dieses Ritual übernehmen und in unsere Sporttradition einführen könnten. Wenn ein kleines Mädchen versuchen würde, einem amerikanischen Spieler eine Puppe zu überreichen, würde er wahrscheinlich damit einen Schlag probieren, und die Zuschauer würden ihn ausbuhen, sollte er sie nicht treffen.

9

IN EINEM JAPANISCHEN GASTHAUS

Friede, Ruhe und Insekten

Nach einer Woche in Japan entschlossen wir uns, Tokio zu verlassen und einige Zeit in einem traditionellen japanischen Gasthaus zu verbringen und wie Japaner Ferien zu machen, mit dem Unterschied, daß sie sich natürlich nicht bei jeder sich bietenden Gelegenheit wie völlige Idioten verhalten.

Damit begannen wir sofort am Bahnhof. In Japan fahren die Züge überall hin, und sie sind *absolut* pünktlich — wir sind mit Dutzenden gefahren, und kein einziger hatte auch nur eine Minute Verspätung. Also mußten wir ebenfalls pünktlich dort sein, aber wir machten eine Menge durch, um herauszufinden, wo »dort« war. Normalerweise hatten wir Platzreservierungen, was bedeutete, daß wir nicht nur den richtigen Bahnhof, sondern auch den richtigen Bahnsteig, den richtigen Abschnitt, das richtige Abteil und die richtigen Plätze finden mußten. Selbstverständlich standen diese Nummern auf unseren Fahrkarten, bestimmte Wörter allerdings — wie »Abteil« oder »Zugnummer« — manchmal nur auf japanisch, so daß ich im wesentlichen auf ein Stück Papier schaute, das mit Markierungen und Zahlen übersät war wie ein Lotterielos vom Mars. Die meisten Schilder auf dem Bahnhof sind auch nur auf japanisch.

Und nur selten spricht jemand auf den Bahnhöfen englisch. Das ist eine landesweite Strategie.

Deshalb kamen wir auf den Bahnhöfen nie zur Ruhe. Ich am allerwenigsten, denn ich hatte das Gefühl, daß ich eigentlich den Weg kennen sollte. Das ist natürlich klassisches männliches Verhalten. Werden ein Mann und eine Frau mit Chloroform betäubt, in einem Flugzeug nach Südamerika verschleppt und inmitten des Amazonas-Dschungels in einer sternenlosen Nacht ohne Kompaß ausgesetzt, verkündet der Mann sofort beim Aufwachen: »Hier entlang.«

Wir mußten also unser Gepäck durch einen überfüllten, betriebsamen Bahnhof schleppen, wobei ich voranging, mißtrauisch auf die Fahrkarten blickte, um herauszufinden, ob wir Abteil 9, Zug 17, Abschnitt 3 oder Abteil 3, Zug 9, Abschnitt 17 oder sogar Abteil 17 am 9. März nehmen sollten, und ich verkündete »Hier die Treppen hoch!« Wenn Beth fragte: »Bist du sicher?«, antwortete ich gereizt und überlegen wie ein Mann, der sich nicht zurechtfindet: »NATÜRLICH bin ich sicher!«

Wir kämpften uns die Treppen hoch, und ich führte uns zu dem meiner Vermutung nach richtigen Abschnitt. Immer wieder blickte ich verstohlen auf die Fahrkarten, falls ich zufällig, ohne es bemerkt zu haben, die Fähigkeit erlangt hätte, japanisch zu lesen. Dann kam ein Zug, und da es die richtige Zeit war, nahm ich an, daß es der richtige Zug wäre, und sagte: »Kommt schon!« Beth fragte: »Bist du sicher?« Und ich antwortete jetzt sehr gereizt: »JA! STEIG EIN! DER ZUG FÄHRT GLEICH AB!« Denn die Züge in Japan warten nicht lange.

Wir luden unser Gepäck in den Zug, als plötzlich

ein Schaffner zu sehen war und Beth vorschlug: »Vielleicht sollten wir ihn fragen, ob dies der richtige Zug ist«, was mich WIRKLICH auf die Palme brachte, dieser hintergründige Verdacht, daß ich nicht einmal wüßte, welchen Zug wir nehmen müssen, was natürlich stimmte. Widerwillig zeigte ich dem Schaffner unsere Fahrkarten. Er schüttelte den Kopf und zeigte über den Bahnsteig auf einen *anderen* Zug, und ich übernahm sofort wieder die Verantwortung und rief: »STEIGT AUS! DER ZUG FÄHRT GLEICH AB!«

Wir sammelten unser Gepäck wieder ein, kämpften uns aus dem Zug, stürzten über den Bahnsteig und stiegen in den anderen Zug, wo wir natürlich entdeckten, daß wir genau am falschen Ende waren. Also mußten wir unser Gepäck durch viele Abteile schleppen – ich hatte japanische Gleisarbeiter im Verdacht, daß sie uns einen Streich spielten und auf unserem Weg durch die Abteile zusätzliche Waggons an den Zug hängten –, bis wir schließlich unsere reservierten Plätze erreichten, normalerweise genau dann, wenn der Zug an unserem Ziel ankam.

Mit Hilfe dieser Technik reisten wir von Tokio westwärts nach Kyoto in einem der berühmten Zuggeschosse, die ihren Namen aufgrund der Ähnlichkeit mit riesigen Sexutensilien erhalten haben. Diese Züge erreichen Geschwindigkeiten von über einhundertfünfzig Stundenkilometern, und mir wurde erzählt, daß sie sehr bequem sind, sollte man jemals seinen Platz ausfindig machen. Sie haben außerdem Männertoiletten mit Urinalen und praktischen Fenstern in der Tür, so daß man vom Gang aus hineinsehen kann, offensichtlich um festzustellen, ob die Toilette besetzt ist. Ich fand das zufällig heraus, als ich zur Toilette ging und die Tür hinter mir abschloß, ohne das Fenster bemerkt zu haben. Ich stand gegenüber an der Wand und war mit der Toilettentätigkeit beschäftigt, als ich mich beiläufig umblickte in Erwartung einer netten, stabilen, vollkommen undurchsichtigen Tür, aber statt dessen — *OOOOOH* — sah ich drei Schulmädchen in einer Entfernung von ungefähr einem halben Meter. Ich drehte mich schnell wieder zur Wand und war dankbar, daß ich dunkle Hosen trug, wenn Sie verstehen, was ich meine.

Ansonsten ereignete sich nichts auf der Fahrt nach Kyoto. Im Vorbeirasen fiel mir auf, daß die meisten japanischen Städte kleiner sind als Tokio, aber genauso häßlich. Ich bemerkte außerdem, daß praktisch jede Stadt und sogar jedes kleine Dorf große, moderne, grelle Spielsalons hat. Ein beliebtes Spiel ist Pachinko; man kauft einen Haufen kleiner Bälle, die man in einen komplizierten Apparat — ähnlich einem senkrechten Flipperautomaten — steckt, der summt und piept und leuchtet und den Ball überall herumschwirren läßt. Indem man geschickt etwas mit dem Knopf anstellt — ich habe nie herausgefunden, was —, kann man *mehr* Bälle gewinnen, die man dann gegen einen Gewinn eintauscht.

Robby und ich spielten einmal in Tokio Pachinko, in einem lauten, hell erleuchteten Raum mit vielen ernst aussehenden, kettenrauchenden Männern in Anzügen, die an den Automaten mit dem gleichen besessenen, freudlosen Ich-will-was-vom-Leben-Gesichtsausdruck spielten wie die Leute, die Geldautomaten in Las Vegas bearbeiten. Robby, der einen schwarzen Gürtel im Videospielen hat, verstand das Spiel sofort und gewann Bälle. Ich hatte keine

Ahnung, was ich mit meinem Automaten anfangen sollte. Er hatte ein elektronisches Bild einer Frau mit großem Busen, und die Bälle flogen um sie herum, und dann und wann begann sie plötzlich, Teile ihrer elektronischen Kleidung abzulegen.

»Hey«, beobachtete Robby, während er auf seinen Automaten starrte, der laute Geräusche von sich gab, »man kann es so machen, daß alle ihre Klamotten herunterfallen.«

»Wir müssen jetzt gehen«, sagte ich.

Außer Pachinko fiel mir bei der Fahrt nach Kyoto auf, daß Japan sowohl Landwirtschaft als auch landschaftlich schöne Seiten hat. Auf diese beiden Themen werde ich näher eingehen, wenn ich dringend Material benötigen sollte.

Als wir in Kyoto ankamen, fuhren wir mit einem Taxi zu unserer Herberge, einem traditionellen Gasthaus, das *Ryokan*[1] genannt wird. Als wir vor dem Haus hielten, erschienen drei Frauen im Kimono, verbeugten sich, sprachen japanisch und nahmen unser Gepäck an sich. Mit Hilfe unserer Japanischkenntnisse sagten wir »danke sehr« oder wahrscheinlich »gute Nacht« und verbeugten uns, und sie verbeugten sich noch einmal, was mit dem ganzen Gepäck nicht einfach war; dann gingen wir in das Gasthaus, als die Frauen plötzlich aufgeregt zu sprechen begannen und auf unsere Schuhe zeigten.

Schuhe spielen in Japan eine besondere Rolle. Man kann sie in Geschäften, westlichen Hotels und Restaurants anbehalten, aber nicht in privaten Häusern und traditionellen Gasthäusern. Man soll sie an der Tür ausziehen und Hausschuhe tragen. Und wenn

1 Wörtlich: »Art einer Herberge«

man ins Badezimmer geht, soll man *diese* Hausschuhe ausziehen und ein *anderes* Paar Hausschuhe anziehen, das nur fürs Badezimmer bestimmt ist. Dieser Brauch scheint ziemlich blöde zu sein, aber es gibt einen guten Grund dafür: Er bringt Ausländer durcheinander. Zumindest brachte er uns durcheinander. Ich vergaß immer, meine Fußbekleidung zu wechseln, und außerdem waren sämtliche Hausschuhe zu klein für mich, so daß ich in kleinen Schritten herumtrippeln mußte, um nicht rauszurutschen.

Wir folgten den mit Gepäck beladenen *Ryokan*-Damen, und ich trippelte mit Beth und Robby in unser Zimmer, das sehr einfach und nach japanischer Art in hellem Holz gehalten war. Durch eine Schiebetür aus Papier ging man in einen kleinen felsigen Garten voller Zikaden und einem plätschernden Bach. In dem Zimmer gab es keine Betten, Kommoden oder Stühle, lediglich Strohmatten und einen niedrigen Tisch. Wenn man in einem *Ryokan* schlafen möchte, kommt ein Zimmermädchen und breitet die Futons aus. Die Zimmermädchen kommen eigentlich oft; man hat fast das Gefühl, daß sie Tag und Nacht vor der Tür darauf warten, hereinzukommen und dem Gast einen Wunsch zu erfüllen. Unser Zimmermädchen, das einen Kimono trug und einen Beeper hatte, kam ungefähr dreißig Sekunden nach unserer Ankunft und sprach mit hoher Sing-Sang-Stimme, so wie es japanische Frauen in der Unterhaltung mit einer hochgestellten Persönlichkeit ofttun.[2]

»Hai domo!« sagte sie.

Sie sagte oft »Hai domo!« zu uns. Soweit ich das

2 Das machte Beth verrückt.

beurteilen kann, bedeutet »Hai domo!« »Ja, sehr!« Fortan war sie für uns die Dame Sehr.

Sie bat uns gestikulierend, mit ihr um den niedrigen Tisch zu knien, und hieß uns dann in dem *Ryokan* mit einer kleinen traditionellen Zeremonie willkommen, indem sie uns Tee eingoß und eine rätselhafte grüne Substanz anbot. Wir lächelten und verbeugten uns, tranken Tee, aßen ungefähr ein Molekül der grünen Substanz und lächelten etwas mehr, um zu zeigen, daß es die verdammt beste rätselhafte grüne Substanz war, die wir je gegessen hatten, und später würden wir sie bestimmt verschlingen.

Dann zeigte uns die Dame Sehr mit alten traditionellen *Ryokan*-Handbewegungen, wie man die Fernbedienung des Fernsehgerätes handhabt. Sie zeigte uns außerdem das Badezimmer, das, wie der Rest des Hauses, in dem schönen, einfachen japanischen Stil aus hellem Holz eingerichtet war, betont durch einen Woody-Woodpecker-Handspiegel.[3] Das Zimmermädchen zeigte uns auch unsere *Yukata*, leichte Kleidungsstücke, die einem Bademantel gleichen und getragen werden sollen, wenn man durch das *Ryokan* streift (oder in meinem Fall trippelt). Dabei soll man sich vollkommen entspannen, den felsigen Garten betrachten, dem Plätschern des Baches und dem Plappern der Zikaden lauschen, bis man den absoluten inneren Frieden gefunden hat. Oder man wird, wie wir, die typische, hyperaktive, konsumorientierte amerikanische Familie aus der Vorstadt, schlichtweg in den Wahnsinn getrieben.

---

3 Eine weitere interessante Tatsache über *Ryokan*-Badezimmer: Shampoo war nie vorhanden, dafür gab es jeden Tag drei neue Zahnbürsten.

Vielleicht lag das Problem darin, daß die Zikaden ab halb fünf morgens herumplärrten und offensichtlich einen kleinen, aber leistungsfähigen Verstärker ergattert hatten. Hinzu kam das plötzliche, unerwartete Eintreten der Dame Sehr, so daß wir in dem *Ryokan* nie ausschlafen konnten, und wir genossen auch nie die Erfahrung der vollkommenen Entspannung durch ein traditionelles japanisches heißes Bad. Die Japaner lieben es, sich in Holzwannen einzuweichen, die mit vollkommen entspannendem Wasser gefüllt sind, heiß genug, um das Holzschutzmittel zum Schmelzen zu bringen; das sollte man zuerst machen, wenn man sich in einem *Ryokan* aufhält. Beinahe hätte ich am ersten Abend auch ein Bad genommen. Ich trippelte den Gang hinunter zum Badebereich und ging gerade hinein, und obwohl ich durch den Dampf nur wenig sehen konnte, war ich in der Lage, folgendes festzustellen:
1. Dort waren Leute.
2. Ich kannte diese Leute nicht.
3. Diese Leute waren nackt.
4. Alle wichtigen Geschlechter waren vertreten.

Ich trippelte so schnell ich konnte wieder zurück in unser Zimmer, wo ich mich der Schönheit und dem Naturwunder japanisch sprechender Menschen im Fernsehen hingab.

An diesem Abend wanderten wir durch die Innenstadt von Kyoto auf der Suche nach einem Restaurant, das eine regionale Spezialität anbot, die auch unser Sohn essen würde, wie zum Beispiel Ring Dings. Wir waren schon seit über einer Woche in Japan und spürten langsam eine Anspannung, weil wir weder die Menschen verstehen, noch die Schilder lesen, noch sichergehen konnten, daß das Gericht, auf das wir zeigten, keine lebenden, zuckenden Seegurken enthielt. Jetzt waren wir in Kyoto, das noch weniger westlich orientiert ist als Tokio, und hielten uns in einem kleinen, unsäglich friedvollen Gasthaus auf, in dem die Hauptunterhaltung Insekten waren, und wir waren niedergeschlagen. Mir war klar, daß der Fehler bei uns lag, denn wir waren in unserer amerikanischen Lebensweise gefangen und nicht in der Lage, uns an eine andere Kultur anzupassen. Aber ich wette, es gab Momente, in denen sogar ein großer Reisender wie Marco Polo sich einfach nur nach einem Cheeseburger und einem Holiday Inn sehnte, und in diesem Moment erging es uns genauso.

Wir waren bedrückt und fühlten uns einsam, als wir die Straßen von Kyoto entlangliefen und uns Plastiknahrung ansahen. Wir gingen schließlich in ein Restaurant und bestellten ein Essen, das keinem von uns besonders schmeckte, aber soweit in Ordnung war, denn das meiste landete auf meinem Hemd, weil ich mich zu diesem Zeitpunkt verpflichtet fühlte, den Gebrauch von Stäbchen zu lernen.

REISETIP:
WIE MAN STÄBCHEN BENUTZT

Ein Stäbchen zwischen Daumenballen und Innenhand legen, so daß es zwischen Mittel- und Ringfinger hervorsteht. Das andere Stäbchen mit Daumen und Zeigefinger festhalten. Jetzt die beiden Stäbchen parallel halten, über den Kopf führen und dem Kellner signalisieren, daß er doch bitte eine Gabel bringen möchte.

Als wir das Restaurant verließen, waren wir also immer noch hungrig. Heimatlos und einsam wanderten wir umher, bis Robby plötzlich ein Schild entdeckte, auf dem »PIZZA« stand. (Robby könnte von der Erde aus ein Pizzaschild auf dem Neptun erkennen.) Wir gingen in einen kleinen Laden und kauften eine große Pizza. Wir trugen sie nach draußen und setzten uns in einen Park neben einem Tempel. Obwohl auf der Pizza Körner waren, fielen wir wie die Wölfe darüber her. Vorbeigehende Fußgänger starrten uns an: drei ausländische Wasserbüffel, die in der Wildnis ihr Futter fressen.

Am nächsten Tag verbesserte sich unsere Stimmung erheblich, als wir mit Kunio Kadowaki, einem warmherzigen, sanften und lustigen Mann, der schon mit vielen Journalisten Artikel für Zeitungen wie die *National Geographic* geschrieben hat, einen Ausflug in die Umgebung von Kyoto machten. Er wurde 1942 in Kyoto geboren; die ersten Amerikaner, die er traf, waren GIs. »Sie gaben mir Schokolade«, erzählte er. »Mein Vater arbeitete vierzehn Stunden am Tag, aber Schokolade gab es bei uns nie.«

Er brachte uns zuerst über eine gewundene, kleine Straße zum buddhistischen Shimyoin-Tempel, hoch oben in den felsigen, dicht beforsteten Bergen über Kyoto. In ganz Japan gibt es Tempel, und die Besichtigung der Tempel ist eine Hauptbeschäftigung japanischer und ausländischer Touristen. Viele von ihnen sind sehr schön, aber ich empfinde für Tempel ungefähr dasselbe wie für bedeutende Kirchen in Europa: Nachdem man ein repräsentatives Exemplar gesehen hat – oder vielleicht zwei –, ist es Zeit, zu anderen wichtigen touristischen Beschäftigungen überzugehen, wie zum Beispiel zu essen.

Aber der Shimyoin-Tempel, weit entfernt vom ausgetretenen Touristenpfad, war eine Besichtigung wert. Es ist ein kleines, einfaches Gebäude auf einem dicht beforsteten Hügel neben einer Quelle, aus der ein Gebirgsbach entspringt. Er vereinigt sich mit anderen Bächen zu einem Fluß, der durch Kyoto fließt. Am Tempel wurden wir von einem Priester und seiner Frau begrüßt, die uns zu Tee und Gebäck in einem Raum einluden, aus dem man den Bach und das Tal überblicken konnte. Der Priester war ein freundlicher und herzlicher Mann und sprach ein kleines bißchen Englisch, aber wir mußten nicht viel sagen; wir saßen hauptsächlich da und beobachteten, wie das Wasser hinab in die Stadt floß.

Es stellte sich heraus, daß dies Kunios Methode als Reiseführer war: Er zeigte uns ruhige, schöne Orte, erzählte ein wenig darüber und war dann still, damit wir selbst unsere Erfahrung machen konnten. Kunio strahlte Sanftheit aus. Nach ein paar Stunden in seiner Gegenwart war unsere Ruhelosigkeit verflogen. Oft saßen wir einfach nur da, schauten umher und dachten nach, ohne daß minutenlang jemand ein Wort sprach. Sogar Robby nicht.

Soweit ich es mitbekam, werden in Japan Religionen nicht sehr ernst genommen. Die wichtigsten Religionen sind Buddhismus und Shinto, die friedlich nebeneinander existieren, wobei die meisten Menschen je nach Bedarf an Elemente der einen oder der anderen Religion glauben. Es gibt keine starren Dogmen oder streng autoritäre Priester; es ist eher ein lockerer und zwangloser Glaube, den man ausübt, wenn man eine Prüfung erfolgreich bestehen oder eine Krankheit heilen will; man bringt ein Opfer oder streut Weihrauch über die betroffenen Stellen.

In den größeren Tempeln kann man auch Glücksbringer und Amulette kaufen. In einem Tokioter Tempel kaufte ich einen Glücksbringer für den AUTOVERKEHR; ich dachte, er könnte in Miami nützlich sein, wo es Autofahrer gibt, die versuchen, einen in der Autowaschanlage zu überholen.

Mir gefällt der entspannte Umgang der Japaner mit ihren Religionen. Ich halte mich selbst im wesentlichen für einen moralischen Menschen, aber ich bin nicht religiös. Die Predigerei und die Besessenheit, mit denen viele Religionen in den Vereinigten Staaten das Verhalten anderer Leute verurteilen, bin ich leid. Soweit ich es mitbekommen habe, wird im Buddhismus nicht moralisiert. Ich war in vielen Tempeln, aber ich weiß immer noch nicht, woran Buddhisten glauben, nur daß Kunio einmal erzählte: »Wenn man etwas Schlechtes anstellt, wird man als Ochse wiedergeboren.«

Das klingt für mich genauso plausibel wie all das, was ich bisher zum Beispiel von Reverend Pat Robertson gehört habe.

Kunio zeigte uns einige andere schöne Tempel, aber am besten gefiel uns ein weiterer Ausflug in die Berge, zwei Tage später. Ich erlebte die atemberaubendste Auffahrt meines Lebens über eine Straße mit Haarnadelkurven, so breit wie ein aufgeweichtes Papiertaschentuch, mit dicht bewaldeten Schluchten und geraden, großen Zedern überall um uns herum; die Sonne schien durch sie hindurch, und wir sahen vorbeistürzende, grüne Bergabhänge und einen schäumenden Bach. Wir fuhren durch ein paar kleine Dörfer mit strohbedeckten Häusern, sahen aber nur ein oder zwei andere Autos, obwohl Hochsaison war und Kyoto nicht weit entfernt lag. In den Vereinigten Staaten würden die Touristen auf so einem überwältigenden Weg Stoßstange an Stoßstange fahren. Kunio erzählte, daß die Japaner Pauschalreisen zu bekannten Orten vorziehen; die Straße, auf der wir fuhren, war für Busse unbefahrbar.

Kunio zeigte uns ebenfalls den — für Robby — ultimativen Schrein: den Hauptsitz von Nintendo. Im Interesse derjenigen unter Ihnen, die ohne Kinder auf dem Mars leben, sollte ich erklären, daß Nintendo ein außerordentlich beliebtes Videospiel ist, das der moderne Jugendliche bereits vor seiner Geburt lernt. Es funktioniert wie folgt: Ein kleines Steuergerät ist mit einem Draht an die Nintendo-Einheit angeschlossen und mit dem Fernsehgerät verbunden. Indem man auf verschiedene Knöpfe drückt, steuert man eine kleine Cartoonfigur auf dem Fernsehschirm.

Bei den meisten Nintendospielen versucht diese Figur, in einer Welt voller tödlicher Gefahren und einem endlosen Vorrat an schlechten Kerlen und Teufelskreaturen, die es auf sie abgesehen haben, zu überleben. Ähnlich wie in New York. Die Figur verfügt aber über verschiedene Fähigkeiten und Waffen, und indem man die Knöpfe auf eine bestimmte Art drückt, kann man sie sofort töten lassen. Das geschieht zumindest immer, wenn *ich* damit spiele. Ich spiele so schlecht Nintendo, daß meine Figur, sobald sie merkt, von wem sie gesteuert wird, manchmal eine Cartoon-Rasierklinge hervorholt und sich selbst die Pulsadern aufschneidet. Aber wenn Robby die Figur lenkt, ist sie unbesiegbar. Wenn Robby nicht schlafengehen müßte, könnte seine Figur nicht nur die ganzen schlechten Kerle töten, sondern auch das Staatsdefizit erheblich reduzieren.[4]

---

4 Jedenfalls würde er mehr erreichen als der Kongreß.

Soweit es Robby betrifft, ist Nintendo der bedeutendste kulturelle Beitrag Japans zu dieser Welt, und als wir dort waren, ging er ständig in Elektrogeschäfte und suchte nach neuesten Nintendo-Technologien. Die Geschäfte in Japan bieten eine Menge raffinierter elektronischer Geräte an, die in den Vereinigten Staaten nicht erhältlich sind, und Robby hatte in einer Zeitschrift über Videospiele gelesen, daß es eine neue Einheit mit dem Namen Genie gibt, die der Nintendo-Figur wichtige, neue Kräfte verleiht. Danach hatte er in Tokio erfolglos in einem Geschäft nach dem anderen gesucht. Als er herausfand, daß der Hauptsitz von Nintendo in Kyoto ist, wollte er unbedingt dorthin fahren und fragen, ob sie Genie kennen.

Kunio erzählte, daß Nintendo in seiner Kindheit eine kleine Firma war, die Spielkarten herstellte. Jetzt ist es ein großes, internationales Unternehmen. Ich fragte mich, ob der Hauptsitz in irgendeiner Weise das Produkt widerspiegeln würde, das die Firma so erfolgreich gemacht hat – ob einem zum Beispiel beim Betreten des Gebäudes riesige, gefährliche Schildkröten entgegenstürmen und einen töten würden, wenn man nicht auf ihre Rücken springt und sie in leere Schalen verwandelt (das ist eine der typischen Heldentaten, die die Nintendo-Figur vollbringen muß). Aber das Gebäude von Nintendo sieht rein geschäftsmäßig und nicht spaßorientiert aus – ein graues Gebäude mit einem Sicherheitsbeamten davor und einer kahlen, modernen Eingangshalle.

Die Dame am Empfang empfing uns trotzdem freundlich, als Kunio erklärte, daß Robby ein ernstzunehmender Nintendo-Spieler mit besonderem Auftrag sei. Sie bat uns, in der Eingangshalle zu warten, was wir auch einige Minuten machten, wobei ich versuchte, auszurechnen, welchen Anteil an diesem Gebäude ich persönlich mit Ausflügen zu Toys »R« Us bezahlt hatte. Ich schätzte: ungefähr zwei Drittel.

Schließlich tauchte ein junger leitender Angestellter im Anzug auf. Er hörte gewissenhaft zu, als Kunio ausführlich das Anliegen über Genie vortrug.

Der Mann sah uns entschuldigend an und sagte etwas.

»Er sagt, er hat davon noch nie gehört«, übersetzte Kunio.

»Erzähl ihm, daß Mario damit fliegen kann«, unterstützte ihn Robby. (Mario ist ein kleiner Mann mit Schnäuzer, der laufend von Schildkröten angegriffen wird. Er ist eine wichtige Nintendo-Figur.)

Aber der Mann kannte Genie nicht, also verabschiedeten wir uns wieder. Kunio zeigte uns den ursprünglichen Ort von Nintendo, ein kleines altes Gebäude in einer schmalen Straße. Auf einer Tafel stand: Die Nintendo-Spielkarten-Fabrik. Wir betrachteten es eine Weile und dachten an die Zeit zurück, als Nintendo eine kleine Firma war, die niemand in Amerika kannte, genauso wie Toyota, und als Kunio Kadowaki ein kleiner Junge war, der von GIs Schokolade bekam.

Als Tourist kann man in Kyoto auch den Kyoto-Turm erklimmen. Türme sind in Japan beliebt: Man fährt mit einem Aufzug nach oben, sieht auf die Stadt weit unter sich, fragt sich, ob der Turm nach soliden technischen Gesichtspunkten gebaut wurde und fährt so schnell wie möglich mit dem Aufzug wieder hinunter. So machte ich es auf jeden Fall. Aber während ich oben auf dem Kyoto-Turm war, überprüfte ich den Stand mit Souvenirs, der unter anderem als Hauptattraktion Modelle der Freiheitsstatue anbot. Außerdem gab es Souvenirhandtücher mit der amerikanischen Flagge und einer ungewöhnlichen Version der Nationalhymne, die ich hier vollständig und korrekt wiedergebe:

Oh, say! can you see by the dawn'sear-ly light, Whatso proud-ly we hailed at the twi-light's last gleaming, Wh whosebroad stripes, and bright stars, thro'the per-i-lous fight.

Beide Male, als wir den Kyoto-Turm hinauf- und wieder hinabfuhren, waren wir mit der Aufzugführerin allein im Aufzug, zu deren Aufgaben es gehörte, den Touristen bei der Auf- und Abfahrt ein wenig vorzuschnattern. Obwohl wir eindeutig keine Ahnung hatten, worüber sie redete, wandte sie sich beide Male an uns, verbeugte sich und redete in einem Sing-Sang ungefähr eine Minute lang. Wir nahmen an, daß sie uns etwas über die Höhe des Turmes erzählte, obwohl sie uns genausogut über die Sicherheitsvorkehrungen hätte aufklären können, denen wir in dem unwahrscheinlichen Fall einer Landung im Wasser folgen sollten. Vielleicht erzählte sie uns auch ihren immer wiederkehrenden Traum, in dem sie von riesigen Schildkröten mit Gesichtern wie dem von Reverend Pat Robertson angegriffen wurde. Was sie auch sagte, wir hörten mit höflichem Interesse den ganzen Weg hinauf und wieder hinunter zu, am Ende bedankten wir uns, und sie verbeugte sich. Sie machte einfach ihre Arbeit, wie alle Menschen in Japan.

Eine weitere interessante Sache, die man in Kyoto machen kann, ist das Beobachten der Kormoranfischerei. Das ist eine einzigartige und traditionelle und seltsame Methode, Fische mit Kormoranen — das sind Musikinstrumente ähnlich einer Trompete — zu fangen.

Nein, Spaß beiseite. Kormorane sind, wie Pelikane, Wasservögel. Sie werden für eine jahrhundertealte, nächtliche Fischfangtechnik eingesetzt, die an einigen Orten heute noch angewendet wird, zum Beispiel in dem Ort Uji in der Nähe von Kyoto. Wir fuhren an einem Nachmittag mit dem Zug dorthin und fanden die kleine Stadt an einem Fluß sehr angenehm, hübsch und friedlich, abgesehen von einem Mann, der aufgebracht in eine Lautsprecheranlage schrie, die an einem Lastwagen angebracht war. Das machen politische Helfer in Japan: Sie schreien einen über einen leistungsfähigen Lautsprecher aufgebracht an, so laut, daß der Beton sich in Staub auflöst. Als überzeugende Technik läßt das viel zu wünschen übrig. Wir sahen einige von diesen Lastwagen in Tokio, und niemand schenkte ihnen Beachtung; jeder ging nur rasch vorbei.

Das ist schlau. Würde man stehenbleiben und zuhören, wäre man innerhalb von Minuten so taub wie ein Stück Eisen. Sollten die Helfer tatsächlich Anhänger gewinnen, läge eine harte Zeit vor ihnen, irgendwelche politischen Aktionen, die ihnen vorschweben, durchzuführen.

»WIR BRAUCHEN EINE STÄRKERE ARMEE!«
»WAS HAT ER GESAGT?«
»ER SAGT, ER WILL UNSERE HAARGEFÄSSE VERLÄNGERN!«
»NEIN DANKE, ICH HABE SCHON GEGESSEN.«

Wir gingen auf jeden Fall rasch an dem aufgebrachten Mann im Bahnhof von Uji vorbei, und ich fragte einen Fußgänger nach dem Weg, mit Hilfe des internationalen Symbols für Kormoran-Fischfang, indem ich mit der einen Hand vorgab, Kormoran zu sein, und auf die andere Hand hinabstürzte, die einen Fisch darstellen sollte.

Er zeigte uns den Weg zum Fluß, wo die Fischer ein paar lange, schmale Holzboote vorbereiteten. Jedes Boot hatte am Ende eine Stange, die aus dem Wasser herausragte; daran war ein Drahtkorb gespannt, in dem die Fischer ein Feuer angezündet hatten. Das Feuer soll Fische anlocken, obwohl ich nicht begreife, warum ein Tier, das im Wasser lebt, von Feuer angelockt werden kann. Vielleicht handelt es sich um ungewöhnlich dumme Fische.

Als die Nacht hereinbrach und das Feuer lichterloh brannte, holten die Männer einige Körbe hervor, drei pro Boot, mit jeweils zwei Kormoranen. Die Männer leinten jeden einzelnen Vogel an und legten eine Schlinge um seinen Hals, so daß der Vogel zwar einen Fisch in seinen Schnabel bekommen, ihn aber nicht hinunterschlucken konnte. Dann legten die Männer vom Ufer ab und fuhren den Fluß hinunter, zwei Männer steuerten das Boot, der dritte stand vorn in der Nähe des brennenden Korbes und hielt die Leinen mit den sechs Kormoranen, die herumschwammen und miteinander zankten.

Zuerst sah diese Methode nicht besonders vielversprechend aus; ich hatte den Eindruck, es wäre viel weniger aufwendig gewesen, die Fische mit einer Trompete hervorzulocken. Aber es zeigte sich schon bald, daß die Kormorane ihre Arbeit prima erledigten, sobald sie mit der Zankerei aufgehört hatten. Sie verschwanden unter Wasser und kamen jedes dritte oder vierte Mal wieder mit einem Fisch hervor. Wenn das geschah, holte der Leinenmann den Kormoran ein, schnappte ihm den Fisch weg und schob ihn wieder zurück. Man könnte denken, daß die Kormorane darüber wütend werden und einen Rachekomplott schmieden müßten. (»Sieh her! Ich bringe jetzt ein gebrauchtes Kondom hoch!«) Aber ich schätze, Kormorane sind auch nicht viel schlauer als Fische.

Trotzdem war es eine angenehme Abwechslung am Abend, eine einzigartige japanische Erfahrung, und wir waren gut gelaunt, als wir uns auf den Weg nach Kyoto zu unserem *Ryokan* machten, mit seinem friedvoll plätschernden Bach und den herzlich plappernden Zikaden. Eines Tages werde ich zurückkehren und sie mit einem Flammenwerfer vernichten.

10

HIROSHIMA

Bevor wir dort ankamen, wußte ich über Hiroshima nur, daß wir eine Atombombe darauf abgeworfen hatten. Für mich *war* Hiroshima der bedrohliche Atompilz. Ich erwartete eine trauernde Gedenkstadt, fortwährend in Schwermut verfallen, ein Ort, an dem alles gelähmt und überschattet ist von dem schlimmen Ereignis. Ich fragte mich, ob die Bewohner mich verachten und empört darüber sein würden, daß ich so unsensibel war und einen Ort besuchte, dem mein Land so viel Leid zugefügt hat.

Aber das Leben geht – wie schon gesagt – weiter. Ganz bestimmt geht es auch in Hiroshima weiter; oberflächlich betrachtet sowieso eine normale, lebendige, japanische Stadt mit Geschäften, Straßenbahnen, Gärten und Tempeln und einem alten Schloß, das man als Tourist besichtigen kann.

Auch die Atombombe ist zu einer Art Touristenattraktion geworden. Besucher lassen sich vor verschiedenen Orten und Gedenkstätten, die mit der Bombe zusammenhängen, fotografieren; die Menschen – insbesondere junge Menschen – lächeln oft oder lachen sogar manchmal, als ständen sie vor dem »größten Knäuel Bindfaden der Welt«.

Wir wählten für unseren Aufenthalt den 5. August, den Jahrestag des Angriffs. Mit Tausenden von anderen Besuchern nahmen wir an der jährlichen Gedenkfeier teil, die am Morgen stattfand, zum Zeitpunkt, als die Bombe abgeworfen wurde. Als wir das Gelände betraten, gaben uns einige Pfadfinder Blumen, die wir im Gedenken an die Toten niederlegen sollten. Die Menge um uns herum schien recht fröhlich.

Unsere Dolmetscherin Yuko Yamaoka erzählte, daß sich die Gedenkfeier über die Jahre hinweg fast zu einem Fest entwickelt habe. Sie berichtete, daß viele Menschen, die die Atombombe überlebt hatten, darüber verärgert wären und die öffentliche Veranstaltung nicht mehr besuchten, sondern private Gedenkfeiern abhielten.

Ein ungewöhnlich großes Aufgebot an Reportern nahm an der Feier teil, denn eine Neuheit war angekündigt: Der Bürgermeister von Hiroshima beabsichtigte, zum ersten Mal in seiner offiziellen Friedensansprache ein Schuldbekenntnis abzulegen wegen des Leids, das Japan während des Zweiten Weltkriegs über die asiatischen Länder gebracht hat.

Wie Sie sicher wissen, wurde Japan häufig dafür kritisiert, angeblich keine Verantwortung für sein Handeln vor und während des Krieges übernommen zu haben. Kritiker meinen, daß Japan versuchte, sich als Opfer darzustellen, das gezwungen war, sich gegen rassistische westliche Länder zu verteidigen, die Japans rechten Platz in der Welt nie anerkennen wollten. Kritiker behaupten weiterhin, daß Japaner oft die Bombe auf Hiroshima mit dem Angriff auf Pearl Harbor gleichsetzen und daß sich ihrer Ansicht nach beide Vorfälle aufheben und keiner Seite das Recht zusteht, sich moralisch höher zu stellen. Die Menschen in Japan, einem Land der Harmonie und Nichtkonfrontation, reagieren auf diese Themen immer noch sehr empfindlich, und es gibt eine heftige Kontroverse zwischen denjenigen, die sich mit der Geschichte auseinandersetzen wollen, und denen, die keinen Sinn darin sehen, diese ganzen unharmonischen und unerfreulichen Vorfälle fünfzig Jahre später wieder aufzurollen.

Aber des Abwurfs der Atombombe wird in Japan auf jeden Fall und verständlicherweise gedacht. Für einige besteht jedoch ein Problem darin, *wie* daran im historischen Kontext bzw. ohne diesen gedacht wird. Karel van Wolferen schreibt in seinem Buch *Vom Mythos der Unbesiegbaren* (ein in Japan heftig kritisiertes Buch), daß Japan die historischen Vorfälle ignoriert, die zum Abwurf der Atombombe führten, und statt dessen lieber in Selbstmitleid über seine Opfer versinkt:

»Es ist in Japan üblich geworden, das Abwerfen der Atombomben als die schlimmste Tat des Krieges anzusehen. Manche sehen es sogar als das Verbrechen des Jahrhunderts. Ältere Japaner haben noch ein Gefühl für die damaligen Zusammenhänge. Einige erinnern sich, daß die Generäle vor der Verwüstung Hiroshimas eine Miliz von 28 Millionen Männern und Frauen zwischen fünfzehn und sechzig Jahren gebildet hatten, die ausgebildet wurden, die amerikanischen Invasoren mit Bambusspeeren als einziger Waffe an den Stränden aufzuhalten. Aber ein japanischer Intellektueller oder eine Person der Öffentlichkeit kann nicht mehr ungestraft andeuten, daß die Bomben wahrscheinlich Hunderttausende von Menschenleben gerettet haben. Und im August gönnt sich die Nation eine Woche des medienfabrizierten Selbstmitleids. Der ›Friedenspark‹ und das Museum in Hiroshima – Wallfahrtszentrum für viele ausländische Atomgegner und Gruppen der Friedensbewegung – geben der Masse der japanischen Besucher keinen Eindruck, daß die Geschichte vor der Bombe begonnen hat.«

Darum hatte es einen Nachrichtenwert, als der Bürgermeister von Hiroshima, Takashi Hiraoka, in seiner Friedensansprache anläßlich der Gedenkfeier eine japanische Schuld eingestand. Die Übersetzung seiner Rede lautet:

»Japan fügte den Menschen in Asien und am Pazifik während der kolonialen Herrschaft und des Krieges viel Leid und Greuel zu. Dafür gibt es keine Rechtfertigung. In diesem Jahr jährt sich der Ausbruch des Pazifischen Krieges zum fünfzigsten Mal. Wir erinnern uns alle zu gut an die Schrecken dieses Krieges, die mit dem Angriff auf Pearl Harbor begannen und mit dem Abwurf der Atombomben auf Hiroshima und Nagasaki endeten, und wir sind fest entschlossen, für einen Weltfrieden zu kämpfen.«

Die Feier fand im Freien im Friedenspark statt, in der Nähe des Zentrums der Detonation. Wir saßen auf Klappstühlen in der Menge gegenüber dem Ehrendenkmal, auf dem die Namen der Bombenopfer eingraviert sind. Für Würdenträger und Sprecher war eine Bühne errichtet; über Kopfhörer konnten wir der Übersetzung folgen. Für mich fand der bewegende Moment am Anfang statt – die rituelle Darbringung von Wasser durch Vertreter der Familien, die Opfer zu beklagen hatten. Nach der Detonation der Bombe schrien viele der Sterbenden immer wieder nach Wasser – *Mizu* –, aber es gab kein Wasser; jetzt erhalten sie es endlich.

Es war heiß und früh am Morgen. Schon um Viertel nach acht war es fast unerträglich. Es wurde eine Schweigeminute eingelegt, in der man sich den Klang einer am Himmel dröhnenden B-29 vor genau sechsundvierzig Jahren vergegenwärtigen konnte. Dann läutete eine Glocke, der Bürgermeister gab seine Friedenserklärung ab, und einige Friedenstauben wurden freigelassen.

Bis dahin war die Feier einfach, kurz und beeindruckend. Dann sprachen die Politiker, insgesamt fünf, unter ihnen der Premierminister, Toshiki Kaifu. Fünf Männer in praktisch identischen, dunklen Anzügen, die praktisch identische, mechanische, banale Reden hielten. Sie bedauerten die Vorfälle aus der Tiefe ihrer Herzen. Sie drückten den Familien der Opfer ihr Mitgefühl aus. Sie hofften, dies möge nie wieder geschehen. Sie waren für den Frieden.

Ich schätze, daß alle Politiker in der ganzen Welt eine Schule besuchen, in der sie lernen, wie man alles — *alles* — auf verbalen Matsch reduziert. Zugegeben, es muß schwer für einen Politiker sein, über Hiroshima zu reden, denn was kann er schon sagen?

Vielleicht sollte er gar nichts sagen.

Nach der Feier begaben wir uns in der Menschenmenge zum Ehrengrabmal, wo wir die Blumen niederlegten, die wir von den Pfadfindern bekommen hatten. Ich hätte diesen Moment gern als denkwürdig in Erinnerung behalten, aber zumindest für mich war es das nicht. Die Menge stand dicht gedrängt, und die Menschen rempelten, redeten und schoben sich vorwärts. Es war wie beim Verlassen eines Footballspiels. Ich schob meinen Arm durch die Menge, legte die Blumen nieder und wandte mich ab.

Wir besuchten auch das Museum. Einige Ausstellungsstücke dokumentieren rein wissenschaftlich, wie heiß der atomare Feuerball, wie groß die Detonationszone war, wie die Strahlenerkrankung fortschritt und wie viele Menschen starben. Aber die ganz persönlichen Ausstellungsstücke hinterlassen den stärksten Eindruck: verkohlte Kleidungsstücke; verbogene Brillengestelle; ein dunkler, menschlicher Abdruck auf Granitboden, entstanden, als ein menschlicher Körper die Strahlen blockierte, ein Abdruck des Todes.

Aus Trauer, Hilflosigkeit und Schamgefühl mußte ich weinen. Aber ich war auch empört. Denn in dem Museum wurde die Atombombe als eine leuchtende Kugel dargestellt – die niemand vorhersehen oder verhindern konnte. So, als seien die Amerikaner eines Tages aus heiterem Himmel vorbeigeflogen und hätten die schreckliche Bombe einfach auf unschuldige Menschen abgeworfen.

Ich weiß nicht, ob jemals gerechtfertigt werden kann, was in Hiroshima geschah – ich würde es gegenüber den Familien der Opfer niemals versuchen. Aber ich hätte am liebsten den anderen Museumsbesuchern zugerufen: Wissen Sie, WARUM mein Land das getan hat? Fragen Sie sich nicht, warum ein zivilisiertes Land so etwas tun konnte? Ich bin nicht sicher, ob ich die Antwort weiß, aber in dem Museum wird die Frage nicht einmal aufgeworfen. Und es ist bestimmt keine Garantie dafür, daß so etwas kein zweites Mal passiert, wenn man immer wieder »kein zweites Hiroshima« wie ein Vorbeter aufsagt.

An diesem Abend gingen wir noch einmal zum Friedenspark, um die Kerzenboote zu beobachten – Tausende von kleinen Papierbooten schwimmen den Fluß entlang, auf jedem steht eine brennende Kerze als Symbol für die Opfer. Es war ein schöner Anblick und zog viele gutgelaunte Menschen an; Familien redeten und lachten, Kinder rannten herum, Verkäufer boten Eis und leuchtende Neonarmbänder aus Kunststoff an. Es war wie auf einem Volksfest. Es ist zu vermuten, daß in weiteren fünfzig Jahren der Jahrestag seine Bedeutung verloren haben wird, so wie viele Menschen in den Vereinigten Staaten Gedenktage nur noch mit Picknicks und Ballspielen verbinden.

Der Gedanke gefiel mir nicht. Mir wäre ein ehrwürdiges oder ein nach innen gekehrtes oder sogar ein zorniges Hiroshima in dieser Nacht lieber gewesen. Aber nicht fröhlich.

Natürlich spielt es keine Rolle, was ich mir wünsche. Bei uns hat keiner, den ich kenne, gelitten. Ich habe kein Recht, den Japanern vorzuschreiben, wie sie Hiroshimas gedenken sollen. Und natürlich weiß ich überhaupt nicht, was jeder einzelne Mensch am Fluß dachte, während er diese kleinen flackernden Kerzen, die ins Meer trieben, beobachtete.

11

AUF DEM LAND

Touristen in der Hölle – Insgesamt acht Höllen

Nachdem wir sicher waren, daß wir jeden Tempel und jeden Schrein in Japan mindestens viermal besichtigt hatten, entschlossen wir uns, einen kleinen Abstecher zu machen und ein weiteres, sehr beliebtes Touristenziel anzusteuern: die weltberühmte Perleninsel Mikimoto.[1] Sie befindet sich in der Nähe eines Seebadeortes mit dem Namen Toba, der zwar gut mit dem Zug zu erreichen ist, aber fragen Sie mich nicht, wie. Wir folgten wie gewöhnlich unserer sorgfältig geplanten Prozedur, flitzten nervös und ziellos durch die Bahnhöfe auf der Suche nach einer englischen Beschilderung und wurden immer ungeduldiger, bis wir schließlich auf einen Zug sprangen, der auch gut der Gefängnisschnellzug nach Nordkorea hätte sein können.

Einmal im Zug, versuchten wir, unser Ziel nach der Earnest- und Zippy-Methode ausfindig zu machen. Earnest und Zippy sind unsere Hunde. Zu Hause führen wir sie gelegentlich zu einem Ausflug mit unserem Auto aus. Sie lieben solche Ausflüge, denn dann haben sie die Möglichkeit, uns mit ihrem Gebell vor drohenden Gefahren, wie zum Beispiel

---

1 Machen Sie sich keine Gedanken. Ich habe vorher auch nie davon gehört.

Kurierlastwagen, anderen Hunden, Bäumen, Wiesen undsoweiter, zu beschützen. Ein Problem ist allerdings, daß sie nicht wissen, wann solch ein Ausflug stattfindet. Wir gehen mehrmals am Tag durch die Haustür, und jedes Mal könnte der große Moment gekommen sein. Die Hunde liegen also mit »Alarmstufe Rot« auf der Lauer und beobachten laufend unsere Bewegungen. Jedesmal, wenn wir die Tür öffnen, unterbrechen sie die wichtige Aufgabe, mit der sie gerade beschäftigt sind, wie das Ablecken eines Flecks vom Küchenboden, wo jemand vor zwei Jahren Spaghetti fallengelassen hat, legen die höchste Notgebell-Stufe ein und sausen zur Tür, fertig zum Abmarsch.

»NEIN!« sagen wir ihnen und schließen die Tür. Im allgemeinen springen sie mit 50 Stundenkilometern mit dem Kopf gegen die Tür prallen unverletzt ab, bereit zum nächsten Versuch, denn man weiß ja nie genau.

Ungefähr so machten wir Toba ausfindig. Immer, wenn der Zug in einen Bahnhof einfuhr, waren wir in höchster Alarmbereitschaft, preßten unsere Nasen gegen die Fenster und winselten, sahen uns verzweifelt um nach einem Anzeichen dafür, daß dies Toba sei. Nachdem der Zug viele Male gehalten hatte, erreichten wir schließlich einen Bahnhof, der uns einfach richtig vorkam, und außerdem stand auf einem Schild: TOBA. Wir waren so aufgeregt, als wir es sahen, daß wir kaum davon abgehalten werden konnten, Pipi auf den Boden zu machen. Und die Anstrengung, dorthin zu kommen, hat sich ganz bestimmt gelohnt. Ich würde sagen, daß die Perleninsel Mikimoto die hübscheste Touristenanlage mit zweischaligen Muscheln ist, die ich je bereist habe.

Sie wurde nach Kokichi Mikimoto benannt, einem Mann, der 1954 gestorben ist, zuvor jedoch noch herausgefunden hatte, wie Austern Perlen in großen Mengen bilden können. Bis dahin hatten Austern mit Perlen einen ziemlich geringen Stellenwert.

Auf der Perleninsel Mikimoto gibt es ein großes Museum mit Ausstellungsstücken, die ausführlich, in wissenschaftlichen Einzelheiten, schildern, wie Perlen in Austern gezüchtet werden. Im wesentlichen nimmt man eine Auster, öffnet sie — dazu würde ich persönlich nie den Mut aufbringen — und legt ein kleines irritierendes Teilchen neben die Keimdrüsen der Auster. Ja! Anders als zum Beispiel der amerikanische Senat, haben Austern Keimdrüsen! Das läßt darauf schließen, daß sie auch ein Sexualleben haben, was erstaunlich ist, wenn man bedenkt, daß sie a) sich selbst in Schalen einschließen und b) im Grunde genommen nichts anderes sind als eklige Unterwasserschleimhaufen.[2]

Wenn man also das kleine Teilchen einsetzt, bildet die Auster eine Perle, wahrscheinlich, weil sie wegen der plötzlichen Einschränkung ihres Geschlechtslebens jetzt mehr Zeit hat. (»Nicht heute nacht, Liebes. Ich habe ein irritierendes kleines Teilchen neben meinen Keimdrüsen.«)[3]

Neben der Schilderung, wie sie gebildet werden, bietet das Perlenmuseum von Mikimoto wertvolle Verbraucherinformationen über Perlen, wie zum Beispiel:

---

2 Ich würde genausowenig eine Auster essen wie einen Tintenfischarm. Und hier können Sie mich ruhig zitieren.

3 Idee: Ein guter Name für ein Footballteam wäre »The Cincinnati Oyster Gonads«. (Die Cincinnati-Austern-Keimdrüsen)

— »Perlen sind schön und bereiten Freude.«
— »Der Mensch möchte gern Perlen besitzen; der Mensch möchte Perlen tragen.«

Wenn ich mit Hilfe meines Verständnisses für die Feinheiten der japanischen Zivilisation die subtile, hintergründige Botschaft des Perlenmuseums von Mikimoto zusammenfassen müßte, würde ich sagen: »Kaufen Sie Perlen.« Es gibt auch einen passenden Geschenkladen.

Eine Abteilung des Museums ist den weiblichen Perlentaucherinnen vergangener Zeiten gewidmet. Die Frauen tauchten, weil man wirklich glaubte, daß ihre Lungen größer seien.[4] Im folgenden einige Zitate der Ausstellung über Taucherinnen:

»... strahlende Ama (Taucherinnen) von Shima, die in vergangenen Zeiten oft besungen wurden, verfügen über lobenswerten Mut und wecken Ihren Hang zum Reisen.«
»Die Kunst des Tauchens, die sie beherrschen, ist ihre Mitgift, auf die sie sehr stolz sind.«

Vor dem Museum befindet sich eine Tribüne, und man kann zu bestimmten Zeiten Taucherinnen beobachten, die etwas Ähnliches wie ein Krankenhausnachthemd tragen, in dunkelgrünem Wasser umherschwimmen, untertauchen und mit Austern wieder hochkommen, die sie in einen hölzernen Kübel werfen, der dann in ein Boot gezogen wird; danach werden die Austern vermutlich zurück ins Wasser geworfen, damit die nächste Touristengruppe beobachten kann, wie die Taucherinnen sie finden. Ich kann nicht gerade sagen, daß die Taucherinnen strahlend aussahen. Für mich sahen sie kalt aus.

4 Heute wissen wir, daß dies lächerlich ist. Richtig?

Als wir mit dem Zug von Toba zurückfuhren, saß ein Junge, ungefähr in Robbys Alter, neben ihm und übte Englisch. Er stellte fest, daß Robby nett war und daß er selbst nett war. Sie waren beide nett. Das versicherten sie sich mehrere Male, und Robby gab dem Jungen ein paar Brezeln. Als der Zug den Bahnhof erreichte, wo die Familie mit dem Jungen aussteigen mußte, kam die Mutter des Jungen und gab Robby ein eingepacktes Geschenk (Süßigkeiten). Japaner machen sehr gern Geschenke.

Wir brauchten eigentlich keine Süßigkeiten; wir brauchten vielmehr jemanden, der uns sagte, an welchem Bahnhof wir aussteigen mußten. Es war dennoch eine nette Geste, und schließlich fanden wir auch den richtigen Weg nach Hause. Wir wurden immer besser darin, den richtigen Weg zu finden, ohne eigentlich zu wissen, wo wir gerade waren. Die Kunst des Auffindens der richtigen Wege, die wir beherrschten, war unsere Mitgift, auf die wir sehr stolz waren.

Falls Sie sich fragen, wie die Mutter des kleinen Jungen es schaffte, ein eingepacktes Geschenk mit Süßigkeiten im Zug zu besorgen, dann ist die Antwort, daß sie es im Zug kaufte. Essen wird in Japan überall, wo man geht und steht, verkauft, sogar in Zügen und Bahnhöfen. Und nicht nur der normale, für den Massentourismus bestimmte Mist, wie die Todesfritten, die an Imbißständen vor amerikanischen Flughäfen und Bushaltestellen angeboten werden, oder diese aufgeschwommenen, fettigen, zu Ponton-Größe mutierten, orangefarbenen Hotdogs, die seit der Großen Depression in automatischen Grillvorrichtungen rotieren. Hat jemand tatsächlich schon mal einen dieser Hotdogs *gegessen*? Wenn man es versucht, springt der Hotdog wahrscheinlich von dem Brötchen, fletscht die Zähne und kriecht zurück zu seinen Freunden auf den Grill.

Aber das Essen, das in Japan auf der Straße und sogar an den Bahnhöfen kleiner Städte angeboten wird, ist ausgezeichnet — alle möglichen kleinen Delikatessen, sehr frisch und hübsch zurechtgemacht in kleinen Schachteln. Man kann sich kaum vorstellen, warum die Japaner so dünn bleiben. Vielleicht kommt es vom ständigen Verbeugen.

Man sieht außerdem überall Verkaufsautomaten in Japan. Sogar in dunklen, abgelegenen Gegenden auf ländlichen Bergstraßen stößt man plötzlich auf eine Ansammlung wohldurchdachter, hochtechnisierter, absturzgefährdeter Verkaufsautomaten; in den Vereinigten Staaten wären sie schon lange zerstört, zerschossen, zerstochen und wahrscheinlich sexuell mißbraucht worden.

In diesen Automaten werden Zigaretten, Süßigkeiten, Kaffee, Tee, alle möglichen alkoholfreien Getränke und — das war eine erstaunliche Entdeckung für mich — Bier verkauft. Wenn man genug Kleingeld hat, kann man aus einigen japanischen Getränkeautomaten Bier in *riesigen* Dosen ziehen. Ich spreche von Dosen, die eine Größe haben, daß man, würde man zwei ziehen, einen Verkaufsautomaten mit Gabelstaplern finden müßte, um das Bier nach Hause zu transportieren.

Zu Forschungszwecken erwarb ich einen ordentlichen Bestand an Bier aus japanischen Automaten. Alle Sorten waren gut, aber meine Lieblingsmarke war Suntory-Bier, denn auf dem Etikett stand »Unerklärlich köstlich«.

Robby wurde süchtig nach einem beliebten japanischen alkoholfreien Getränk mit dem Namen Pocari-Schweiß. So heißt es tatsächlich. Nach meiner Schätzung handelt es sich um den Gewinner eines landesweiten Wettbewerbs für den besten Namen eines alkoholfreien Getränkes, der eine Körperflüssigkeit beinhalten mußte und Pocari-Postnasal-Tropfen und Pocari-Eiterwunden-Sekret knapp geschlagen hat.

Ich glaube, Pocari-Schweiß muß gesund sein, denn an einer Stelle sah ich einen Verkaufsautomaten mit dem Schild »Pocari-Schweiß enthält die folgenden positiv geladenen Ione«, und es folgte die beeindruckendste Auflistung positiv geladener Ione, die ich je an einem alkoholfreien Getränk gesehen habe, und in diese Aussage schließe ich Yoo-Hoo ein.

Die Japaner nehmen viele halbmedizinische Getränke zu sich; in Geschäften werden alle möglichen Heilgetränke für verschiedene Leiden verkauft. An einer belebten Tokioter Schnellbahnhaltestelle hielten wir an einem Geschäft mit einem Schild, auf dem stand: ENERGIE-POOL (FÜR EIN GESUNDES LEBEN). In den Regalen waren Hunderte von kleinen Flaschen aufgereiht, die verschiedenfarbige Flüssigkeiten enthielten; die Pendler stürzten hinein, kauften eine Flasche, nahmen einen kräftigen Schluck und stürzten wieder hinaus.

Ich kaufte ein Produkt mit dem Namen Hugo, und ich kann nur hoffen, daß es gesund ist, denn es schmeckte wie Koyotenspucke. Ein anderes Heilmittel gab es in drei Ausführungen: Tägliche Arbeit, Harte Arbeit und Nach der Arbeit. Beth kaufte Harte Arbeit, von dem sie behauptete, daß es recht gut schmecke, trotz des Etiketts.

ULTRAURBANES ERFRISCHUNGSGETRÄNK
AUSFÜHRUNG 2: BEI PHYSISCHER ÜBERANSTRENGUNG
FÜR DAS LEBEN AUF DER ÜBERHOLSPUR
UCC-ARBEIT IST EIN
WICHTIGER BESTANDTEIL
FÜR MENSCHEN IM MANISCHEN PULSSCHLAG DER GROSSSTADT

Da wir gerade von Schweiß reden: Wir schafften es schließlich, ein echtes japanisches heißes Bad zu nehmen. Wir taten das in dem Kurort Beppu, wo wir in dem unglaublichen Hotel Suginoi mit Kureinrichtungen und Badekomplex abstiegen. Dieser Komplex ist nicht einfach zu beschreiben. Man muß sich ein größeres Hotel in Las Vegas vorstellen, aber ohne große, grelle, geschmacklose Kasinos, sondern mit großen, geschmacklosen, grellen Bädern. Tatsächlich: Viele Menschen machen dort Urlaub, *um zu baden*. Wir aus dem Westen können uns nur schwer einen verschwenderisch ausgestatteten Kurort vorstellen, konzentriert auf eine Tätigkeit, die wir als einen Akt der persönlichen Hygiene betrachten. Es war, als würde man die Hauptstraße von Las Vegas entlangfahren und ein riesiges Neonschild sehen, auf dem steht:

Der große Zahnseidenpalast

Oder

Die Welt des Big Ed: Entfernung von Nasenhaaren

Die Japaner baden jedoch wirklich gern zur Entspannung bei physischer Überanstrengung auf der Überholspur im manischen Pulsschlag der Großstadt. Und soweit es mich betrifft, sind Badeferien nicht annähernd so blöd wie zum Beispiel das allmähliche Füttern von Spielautomaten mit 323 Kilogramm Fünfundzwanzig-Cent-Münzen.

Das heißt aber nicht, daß die Zeit im Hotel Suginoi vollkommen entspannend für mich war. Kurz nach unserer Ankunft wurde ich etwas nervös, als wir auf ein Schild in unserem Zimmer stießen, auf dem stand: »Im Falle eines Erdbebens die Anweisungen im Fernsehen befolgen.« Man kann mich einen Pessimisten nennen, aber ich glaubte nicht, daß die Anweisungen auf Englisch gesendet werden würden.

Beppu ist kein Ort mit vielen englischen Elementen. Soweit wir feststellen konnten, waren wir die einzigen Ausländer in dem Hotel. Dadurch wurden wir selbst so etwas wie eine Touristenattraktion, besonders, wenn wir unsere Kurkleidung trugen. Uns war aufgefallen, daß viele der anderen Gäste in einem hoteleigenen *Yukata* oder anderen leichten Kleidungsstücken herumliefen. Das sah sehr bequem aus, also entschlossen wir uns, auch unseren *Yukata* anzuziehen. Aber es zeigte sich, daß man nicht einfach einen *Yukata* in der altehrwürdigen Weise tragen kann wie einen Bademantel. Es gibt *Yukata*-Regeln: Je nach Geschlecht soll der *Yukata* auf einer bestimmten Seite überlappen und der Knoten in einer bestimmten Form gebunden werden. Wenn es falsch gemacht wird, erweckt man den gleichen Eindruck, als würde man in verkehrtherum angezogenen Hosen herumlaufen.

Wir waren mit diesen Regeln nicht vertraut; wir

gaben einfach unser Bestes, aber was wir auch machten, es war falsch. Wenn wir an Menschen in der Halle vorbeigingen, starrten sie uns an und zeigten auf uns, kicherten und flüsterten sich etwas zu. Manchmal brachen sie einfach in Lachen aus. Das passierte immer wieder, und ich fand nie heraus, warum. Vielleicht hatte ich die *Yukata*-Aufmachung gewählt, wie sie von Kühe schändenden Transvestiten nach einer Geschlechtsumwandlung bevorzugt wird. Was es auch war, es machte mich mit der Zeit ziemlich unsicher, obwohl ich mich bemühte, einen möglichst gelassenen und würdevollen Eindruck zu machen, was nicht sehr einfach war, denn ich trug die hoteleigenen Hausschuhe, die für eine viel kleinere Person gedacht waren, wahrscheinlich für einen Fötus, und ich mußte deshalb sehr viel trippeln.

Die Fußbekleidungsetikette stellte ein größeres Problem für uns dar. In einigen Bereichen der Suginoi-Anlage durfte man die Schuhe anbehalten, in anderen Bereichen mußte man Hausschuhe anziehen, und in wieder anderen Bereichen – ich glaube, das hat etwas mit den Bädern zu tun – mußte man eine *andere* Art von Hausschuhen tragen. Ich habe es nie begriffen. Mit flatterndem *Yukata* trippelte ich umher und überschritt eine unsichtbare Hausschuhschranke, was die Hotelangestellten dazu veranlaßte, zu mir zu eilen, auf meine Hausschuhe zu zeigen und mich in einen Bereich zu führen, wo ich mir ein neues Paar Hausschuhe aussuchen mußte, die natürlich immer *noch* kleiner waren als die vorherigen. Es war der alte Trick mit schrumpfenden Hausschuhen. Ich wette, daß heimlich Videoaufnahmen für die beliebte Fernsehshow *Fußspaß mit Ausländern* gemacht wurden, um zu sehen, ob sie mich schließlich dazu bringen könnten, mit einem Kondom auf meinem großen Zeh herumzulaufen.

Aber als abgehärtete Kulturpioniere trippelten wir weiter und wechselten unsere Fußbekleidung alle paar Meter, bis wir die gesamte Suginoi-Anlage erforscht hatten. Sie ist gut konzipiert, mit Spielhallen, Restaurants, mehreren Imbißständen, einem Theater, vielen Souvenirgeschäften und einer Bowling-Bahn, alles um zwei große Badekomplexe angesiedelt. Jeder Komplex ist für ein Geschlecht bestimmt, und die Geschlechter wechseln jeden Tag.[5] Das war zum Glück auch auf englischen Schildern erklärt, so daß ich, nachdem wir ausreichend Mut gefaßt hatten und uns in ein Bad wagten, in der Lage war, Robby zu versichern, daß dort keine Mädchen sein würden.

Zuerst gingen wir in eine Art Umkleidekabine, wo wir uns auszogen und Handtücher und Waschlappen erhielten. Dann gingen wir in einen anderen Bereich, wo wir uns auf kleine Holzschemel setzten und uns mit Wasser und Seife wuschen. (Eine sehr wichtige Regel der japanischen Badekultur besteht darin, sich zu reinigen, *bevor* man ins Bad geht, weil man im allgemeinen das Badewasser mit anderen Menschen teilt und sich nicht besonders gern in dem aufgelösten Körperschaum anderer Menschen einweichen möchte, recht herzlichen Dank.)

Dann war es Zeit, in die Badezone zu gehen. Robby entschied sich für eine Badebekleidung, aber ich war völlig nackt, abgesehen von meinem Waschlappen. In dieser Aufmachung betraten wir die Badezone, die mit nichts zu vergleichen war, was ich je

5 Ich meine, man wechselt die Bäder. Das Geschlecht bleibt.

auf meinem Heimatplaneten[6] gesehen hatte. Die Bäder befanden sich in riesigen, hohen, hell erleuchteten, mit Wasser gefüllten Räumen mit einer Insel in der Mitte und Neonlampen, die Schatten riesiger Bäume an die Wand warfen. Überall um uns herum waren dampfende, flache Wasserbecken, einige von der Größe eines Swimmingpools. Männer weichten sich in heißen Bädern, warmen Bädern, kalten Bädern und Einzelbädern ein. Es gab Becken mit Sand und ein Becken in Form eines Zuggeschosses. Es gab kleine Brücken und Wasserrutschbahnen. Es gab ...

FRAUEN! FRAUEN IN DEN BÄDERN!

Es waren zwei. Es waren Putzfrauen. Sie waren ungefähr zwanzig Meter entfernt, putzten und verhielten sich so, als sei es vollkommen normal, in einem Bad voller nackter Männer zu sein, obwohl ich wußte, daß sie ein fotografisches Gedächtnis hatten und sich, sobald sie den Badebereich verließen, mit einem Zeichenkünstler von der Polizei zusammensetzten und anatomisch detailgetreue Poster anfertigten, zum Vertrieb und Verkauf in der Badezone für Frauen. Ich stürzte also in entgegengesetzter Richtung auf eine Dampfwolke zu und bemühte mich um einen lockeren und gelassenen Eindruck, ich lief aber so, als hätte ich plötzlich Rückenschmerzen bekommen und hielt meinen Waschlappen in einer unnatürlichen Art.

Ich kann nicht behaupten, daß ich mich in den Bädern vollkommen entspannte, weil die Reinigungsdamen sich die ganze Zeit bewegten und mir deshalb

---

6 Die Erde.

nichts anderes übrig blieb, als von einem Becken ins nächste zu hüpfen, schnell unterzutauchen, was nicht besonders schlau war, denn einige dieser Bäder waren ungefähr 10.000 Grad Celsius heiß, weshalb ich Nanosekunden später senkrecht aus dem Wasser in die Luft schoß wie eine sehr bescheidene Polaris-Rakete, die einen Waschlappen vor die Geschlechtsteile hält.

REISETIP

Wenn Sie ein japanisches Bad besuchen, nehmen Sie einen *großen* Waschlappen mit. Vielleicht auch einen nassen Anzug.

Nachdem Robby und ich das Bad verlassen hatten, trafen wir uns mit Beth, die erzählte, daß das Frauenbad weniger stressig war, allerdings eine Insel mit einer riesigen Buddhastatue hat. Als wir darüber sprachen — in falsch gebundenen *Yukatas* —, hielt eine Gruppe Jungen an und starrte eine Weile auf uns. Der älteste von ihnen, vielleicht zwölf Jahre alt, sagte schließlich: »Wie geht es Ihnen?«

»Gut«, antwortete Beth. »Wie geht es euch?«

»Erhabenheit!« antwortete der Junge.

An diesem Abend zogen wir noch mehr Aufmerksamkeit auf uns, als wir Bowling spielten. Ich bekam die größten Schuhe, die sie hatten, Größe »26,0«, was sich offensichtlich auf die Gesamtkapazität jedes Schuhs in Fußmolekülen gemessen bezieht. Daher war mein Gang etwas seltsam, aber worüber sich die anderen Bowlingspieler richtig amüsierten, war unsere Bowlingtechnik. Die Bowlingspieler um uns herum *beobachteten* ihre Kugeln nur, nachdem sie sie geworfen hatten und sie die Bahn entlang auf die Kegel zurollten, was mir geisteskrank vorkam, denn das wirkliche Können liegt natürlich darin, der Kugel zu erzählen, was zu tun ist. Hey, die Kugel *braucht* Anweisungen. Ich meine, während eines Footballspiels schreit der Trainer seinen Spielern Anweisungen zu, richtig? Und Footballspieler sind intelligenter als Bowlingkugeln, richtig? Na gut, vielleicht nicht, aber dennoch ist die Kugel kein Raketenforscher; sie ist nur eine Kugel, weshalb wir sie so gut wie möglich führen mußten, indem wir wedelten und schrien und unterstützende Körperhaltungen einnahmen, sehr zum Vergnügen der Spieler um uns herum. Ich sagte mir: Sollen sie doch lachen. Was wirklich zählt, ist das Ergebnis, richtig? Und zufällig war mein Endergebnis: wirklich schlecht. Ich machte die Schuhe dafür verantwortlich.

Am nächsten Morgen wurden wir von einem kleinen Erdbeben geweckt. Zum Glück war es sehr schwach, so daß wir nicht den Anweisungen im Fernsehen Folge leisten mußten. Es war jedoch ein beunruhigendes Zeichen, denn an diesem Tag fuhren wir zur Hölle. Tatsächlich waren es acht »Höllen« oder *Jigoku* — heiße Mineralquellen, die schon seit langem zu den Touristenattraktionen von Beppu zählen. Wir schlossen uns einer Gruppe an, die nur aus Japanern bestand. Unsere Reiseleiterin lief mit einer gelben Flagge umher, die sie über dem Kopf hielt, damit wir ihr leicht von Hölle zu Hölle folgen konnten.

Jede Hölle besteht im wesentlichen aus einem Becken mit heißem, dampfendem Wasser, das stark nach Schwefel riecht und teilweise von Schlamm umgeben ist. Das Wasser sprudelt aus der Erde hervor und über die verschiedenen Zeitalter hinweg haben geologische Kräfte ausgeklügelte Souvenirläden entwickelt sowie ein Acht-Höllen-Pauschalticket.

Jede Hölle hat ein eigenes Motto: Die Rote Hölle hat zum Beispiel rotes Wasser und eine Skulptur des Teufels. Neben einer anderen Hölle befinden sich ohne ersichtlichen Grund exotische Tiere, wie zum Beispiel ein Elefant, Löwen, altgriechische Pferde und Truthähne.

In einer anderen Hölle gab es ein Krokodilgehege. Auf einem Schild war zu lesen:

Mit der Zugkraft des Dampfes können ungefähr anderthalb Autozüge gezogen werden, und er bietet ideale Bedingungen für die Zucht von Krokodilen.

Diese Aussage beruht auf der bekannten wissenschaftlichen Formel für die Zucht von Krokodilen im Verhältnis zum Dampfdruck gemessen an der Zugkraft von Autofrachtern.

An einem der Gehege stand ein kleiner Junge, ungefähr vier Jahre alt, und schaute herunter auf ein großes Krokodil. Ich ging zu ihm und beobachtete das Krokodil, als der Junge nach einigen Minuten zu mir aufblickte. Seine Augen weiteten sich vor Entsetzen.

»GAIJIN!« kreischte er und rannte zu seiner Mutter.

Gaijin bedeutet »Ausländer«. Ich flößte dem Jungen mehr Angst ein als das große Krokodil.

Jeder Ausgang einer Hölle führte praktischerweise durch ein Souvenirgeschäft, wo wir irgendwelche mit der Hölle zusammenhängende Souvenirs, wie etwas im Mineralbrunnen hartgekochte Eier, kaufen konnten. Zum Verkauf wurde auch Schlamm als Heilmittel oder Schönheitsprodukt angeboten. Die Schlammauswahl beeindruckte Beth sehr, und sie ging bald von Hölle zu Hölle und verglich die Angebote. Für *Schlamm*. Sie *kaufte* tatsächlich Schlamm, und wenn das nicht ein bedauerliches, konsumbezogenes Geschlechter-Klischee bestärkt, was dann?

Die *Tatumaki Jigoku* oder »Wasserspeiende Hölle« gefiel mir am besten. Auf einem Schild stand:

Dies ist eine pulsierende Quelle, aus der alle 25 Minuten kraftvoll Wasser bis zu einer Höhe von 20 Metern hervorsprudelt.

Und das passierte tatsächlich. Wir kamen dort zehn Minuten nach dem letzten Schauspiel an und beobachteten die große Uhr bis zum *Gong*, pünktlich schoß das Wasser heraus. Genau fünf Minuten später hörte es wieder auf, und die Menschenmenge ging in das praktische Souvenirgeschäft, gerade als eine andere Reisegruppe vorbeizog, um Zeuge einer weiteren pünktlichen Wasserspei-Darbietung zu werden. Wie äußerst praktisch! Genau zwei Shows pro Stunde!

Ich drückte Beth gegenüber große Skepsis über die wasserspeiende Hölle aus. Ich verglich sie mit der Old-Faith-Quelle in Yellowstone, die für eine Quelle äußerst zuverlässig ist, aber nicht diesen korrekten Zeitplan einhält.

»Ja«, sagte Beth. »Aber dies ist eine *japanische* Quelle. Effizient! Pünktlich!«

Ich schenkte ihr keine Beachtung. Diese Frau hatte schließlich Schlamm gekauft.

12

DIE BESTEIGUNG DES FUJIS

(Teilweise)
(Mit dem Bus)
(Zumindest glauben wir, es war der Fuji)

Unser letzter touristischer Ausflug war die traditionelle Pilgerreise auf den malerischen Berg Fuji, ein untätiger Vulkan, der geologisch definiert wird als »ein Vulkan, der genausogut gar nicht existieren könnte«.

Wir sahen ihn zumindest nie. Angeblich ist er sehr hoch, aber wir sahen die ganze Zeit, als wir uns in Japan aufhielten, nicht eine Spur von ihm, denn er war immer von einer dicken Schicht malerischer Wolken verdeckt. Obwohl wir mehrere Hundert Dollar für eine Fuji-Tour ausgaben, bei der wir zehn Stunden lang in einem Bus saßen, der angeblich um und auf den Fuji fuhr, sahen wir durch den dichten Nebel lediglich einen Teil des Fujis unter dem Busfenster. Er sah aus wie eine Straße. Ich würde sagen, sie war untätig.

Hin und wieder zeigte unser Reiseleiter aus dem Fenster und sagte: »Wenn Sie dort hinsehen, können Sie vielleicht den Berggipfel erkennen«, und wir schielten alle durch den Nebel, und wenn wir wirklich fest schielten, sahen wir etwas, was der Fuji hätte sein können. Es hätte aber auch genausogut Dreck auf dem Fenster oder eines dieser braunen Teile sein können, die in den Augäpfeln schwimmen.[1]

Wir waren nicht die einzigen, die sich an diesem Tag an der malerischen Schönheit des Fujis erfreuen wollten. Es war Hochsaison, und der Fuji ist eines der beliebtesten Ausflugsziele. Wie sich unser Reiseführer ausdrückte, als unser Bus startete: »Sehr Verkehrsstau kann erwartet werden.«

Dies stellte sich, wenn überhaupt, als sehr Untertreibung heraus. Soweit wir das beurteilen konnten, hatte die gesamte japanische Nation auf einen Tag wie diesen – mit einer maximalen Wolkendichte – gewartet, um einen Ausflug zum Fuji zu machen.

So verbrachten wir die ersten paar Stunden damit, uns langsam über eine mit Autos vollgestopfte Autobahn zu quälen, und verkürzten uns die Zeit damit, Kekse zu essen, auf deren Etikett stand »Vielfalt blandneuel Solten«. Für weitere Unterhaltung sorgte eine Gruppe brasilianischer Touristen, die so gesellig waren, daß es in gewaltige zivile Unordnung umschlug.

Nach drei Wochen unter Japanern, die nach amerikanischen Maßstäben sehr reserviert sind, war ich soweit, uns für ziemlich mitteilsam, lebhaft und offen zu halten; aber wir sind die »Nacht der lebenden Toten«, verglichen mit Brasilianern, zumindest mit den Brasilianern in unserem Bus. Sie unterhielten sich hauptsächlich, indem sie schrien – glückliche, lebenssprühende Schreie, durchsetzt mit lautem Gelächter und herzhaften emotionalen Begrüßungen, immer, wenn zwei von ihnen wieder zusammenfan-

---

1 Versuchen Sie, nicht daran zu denken. Die sind wahrscheinlich harmlos.

den, nachdem sie zum Beispiel zum anderen Ende des Busses gelaufen waren.

Am liebsten schrien sie »Hai!« Das ist das japanische Wort für »Ja« und war offensichtlich das einzige japanische Wort, das die Brasilianer kannten. Aber sie *liebten* es und benutzten es bei jeder Gelegenheit. Der Reiseleiter zeigte auf den Nebel und sagte: »Vielleicht können Sie jetzt den Berggipfel erkennen«, und die Brasilianer, die nicht einmal aus dem Fenster schauten, schrien »HAI!« und brachen in Gelächter aus.

So vertrieben wir uns die Stunden, während wir uns allmählich steigend millimeterweise mit dem Verkehr in Richtung Fuji fortbewegten, bis wir zur fünften Station kamen, dem höchsten Punkt des Fujis, den man mit dem Bus erreichen kann. Dort kamen wir in einen richtigen Stau. Ich bin ziemlich sicher, daß immer noch viele Autos dort sind.

Wir stiegen aus dem Bus und wanderten eine Weile mit Tausenden von anderen Leuten durch den Nebel. Viele von ihnen wollten den Gipfel besteigen, ein fünfstündiger Aufstieg von der Stelle aus, an der wir waren. Es war so voll, daß die Menschen warten mußten, um sich auf dem Wanderweg einzureihen, der hinter der anderen Bergseite in Finsternis verschwand. An einem Pfahl waren Lautsprecher angebracht, die ständig Anweisungen für die Bergkletterer plärrten, die Geräusche hallten nach oben und unten. Ich fragte unseren Reiseleiter, was gesagt wurde, und er antwortete: »Vor allem soll man aufpassen, daß man nicht herunterfällt.«

Als kühner Abenteurer, der vor keiner körperlichen Herausforderung zurückschreckt, machte ich mich beherzt auf den Weg, den Gipfel zu besteigen, und ich machte keine Pause, bis ich ungefähr zehn

Meter weiter auf einen Getränkeautomaten stieß. Ich wäre bis zum Gipfel weitergegangen, aber nach unserem Reiseplan sollten wir in fünfundvierzig Minuten wieder in den Bus steigen, so daß wir damit fortfahren konnten, im Verkehr zu stecken.

Eine glückliche Abwechslung war ein großes und volles Souvenirgeschäft, in dem jedes nur erdenkliche Souvenir über den Fuji verkauft wurde. In der Absicht, etwas auf der Busfahrt zu tun zu haben, kaufte ich ein hübsches Pediküreset (auf der Verpackung stand »für die ganze Familie«). Der Verkäufer verbrachte mehrere Minuten damit, es sorgfältig einzupacken, als handele es sich um ein Geschenk. Ich hatte ihn nicht darum gebeten, aber ich war schon daran gewöhnt; den Japanern macht das Einpacken Spaß, und sie packen oft gekaufte Waren ein. (Einmal hatten Robby und ich und Tom Reid von der *Washington Post* Süßigkeiten in einer Bäckerei in Tokio gekauft. Wir hatten die Absicht, die Süßigkeiten mit nach draußen zu nehmen und sie dann in einer Entfernung von ungefähr zehn Metern zu essen, aber der Verkäufer legte jedes einzelne Teil zuerst in eine kleine Schachtel, die er sorgfältig mit Klebeband verschloß. Als wir draußen waren und sie öffneten, entdeckten wir, daß wir einen Plastiklöffel zu wenig hatten, so daß Tom zurückging. Der Verkäufer, der sehen konnte, daß wir die Kekse sofort aßen, wickelte den Plastiklöffel trotzdem in Papier ein, dann in eine kleine Tüte, die er mit Klebeband verschloß, bevor er ihn Tom überreichte. Er machte nur seine Arbeit.

Nicht daß ich mich über die japanische Verpackungssucht beklage. Es war fast festlich, das Pediküreset im Bus auszupacken.

Wir verließen die fünfte Station und fuhren den Berg hinunter zu dem beliebten — womit ich seltsam überfüllt meine — Ausflugsziel von Hakone, wo wir in ein Restaurant gingen. Unsere Gruppe fiel ziemlich auf. In dem Restaurant waren ungefähr fünfzig urlaubende Japaner, die in aller Ruhe aßen und plauderten und plötzlich

HAI!

Fünfzig Köpfe drehten sich auf einen Schlag um, um zu sehen, wer da laut »JA!« schrie. Es waren natürlich unsere Brasilianer, deren Stimmung immer besser wurde, je länger wir im Bus saßen. Ihre Stimmung wurde noch besser, nachdem sie ein paar Gläser Bier getrunken hatten, und bald schon liefen sie kreuz und quer durch das Restaurant, führten kurze Tänze auf, schleuderten *ihr Hais* nach links und rechts und sprachen miteinander über weite Entfernungen durch das gesamte Restaurant, über die Köpfe sprachloser, staunender Japaner hinweg, die diese Art von Geräusch auch dann nicht machen würden, wenn sie sich einer Operation ohne Betäubung unterziehen müßten. Es ist wahrscheinlich kein Zufall, daß Brasilien und Japan so weit voneinander entfernt liegen.

Während wir darauf warteten, daß sich der entsprechende Verkehr für unsere Heimfahrt nach Tokio wieder entwickelte, verbrachten wir ein wenig Zeit in der Gegend von Hakone, die sehr schön ist und einen spektakulären Blick auf die Wolken bietet, die den Fuji verdecken. Es gibt auch berühmte Imbißstände, wo man ein beliebtes Gericht aus jungen Aalen kaufen kann, die so lange frittiert werden, bis sie eine gelblich braune Masse bilden, die aussieht wie zusammengeschmolzene Spaghetti mit Zillionen kleiner Flecken darauf. Die Flecken sind das, was von den Augen der jungen Aale übriggeblieben ist. Als kühner kulinarischer Abenteurer hätte ich das Gericht bestimmt probiert, aber ich mußte mich setzen und den Kopf zwischen meine Beine halten.

Als der Verkehr für unsere Zwecke dicht genug war, stiegen wir wieder in den Bus ein und krochen langsam Richtung Tokio zurück. Es war ein langer Tag, und schließlich wurden sogar die Brasilianer so untätig wie der Rest von uns. Als die Nacht hereinbrach, versetzte mich das monotone, beruhigende Geräusch unseres Reiseführers in den Schlaf, der sagte, daß wir *jetzt* vielleicht den Gipfel des Fuji erkennen könnten ...

ZUM SCHLUSS

Ich würde sagen, daß der einzige bedeutende Schlußgedanke, zu dem ich gekommen bin, nachdem ich drei Wochen durch Japan reiste und unzählige Stunden mit dem Lesen, Studieren und Analysieren dieser faszinierenden Kultur verbracht habe, ist, daß man den Deckel einer Shampooflasche immer richtig festschrauben sollte, bevor man die Flasche in den Koffer packt. Ansonsten – hier können Sie mir glauben – wird sich der Inhalt über alle Sachen, einschließlich die Zahnbürste, verteilen, und wenn man sich dann die Zähne putzt, bildet sich Schaum vor dem Mund, was aussieht, als sei man von einem Hund mit nach Kräutern riechender Tollwut gebissen worden.

Außerdem entdeckte ich, daß man sogar in einem Land zunehmen kann, in dem das Essen von Seeigeln ein kulinarischer Hochgenuß ist.

Ich hätte gern mit einigen tiefgründigen Einsichten über Japaner geendet, aber wenn ich durch meine Notizen blättere, entdecke ich keine. Ich finde viele Notizen, auf denen zum Beispiel steht: *»Körner auf Pizza!?!«*

Es tut mir sehr leid, daß meine Sicht der japanischen Kultur äußerst beschränkt war, so ähnlich wie die Sicht, die wir auf den Fuji hatten, als wir durch den Nebel fuhren; ich war *dort*, aber ich konnte lediglich das kleine Bißchen um mich herum sehen, und nicht einmal das deutlich. Das war mein Fehler. Es war dumm von mir, nach Japan zu fahren, ohne vorher zumindest etwas Japanisch gelernt zu haben, und ich habe mir selbst feierlich versprochen, diesen Fehler nicht zu wiederholen.[1]

Als wir wieder zu Hause waren, fragte uns jeder zuerst: »Wie war es?« Und ich selbst ertappte mich bei der Antwort: »Es war sehr *fremd.*« Ich war schon in vielen Ländern, einschließlich Miami, und ich habe mich noch nie so vollkommen abseits und hilflos wie in Japan gefühlt. Dazu trug natürlich die Sprachbarriere am meisten bei, vor allen Dingen die geschriebene Sprachbarriere. In Deutschland kann man, selbst wenn man die Sprache nicht spricht, die Buchstaben lesen und ein typisch deutsches Schild wie dieses entziffern:

Godownundergroundpayenfarenridearoundentrainen

Man kann sich ungefähr vorstellen, daß dies »U-Bahn« bedeutet. In Japan dagegen ist man die meiste Zeit blind. Blind und dumm. Und anders.

Man kann nicht einen Augenblick vergessen, wie anders man ist. Japan ist kein Schmelztiegel. Es ist ein äußerst exklusiver Club, in den man nur hineinkommt, wenn man dort geboren ist. So ist das. Andere Menschen aus dem Westen haben uns wiederholt erzählt, daß, unabhängig wie lange sie in diesem Land lebten und wie gut sie die Sprache beherrschten, eine grundlegende, wahrnehmbare Barriere zwischen ihnen und ihren japanischen Mitarbeitern und Freunden bestehen bleibt. Wir waren uns dieser Barriere immer bewußt, wesentlich mehr als in anderen Ländern, die wir besuchten. Die Japaner behandelten uns immer höflich, aber selten herzlich.

Natürlich spielt Höflichkeit eine große Rolle. Tat-

---

1 Natürlich habe ich mich selbst belogen.

sächlich gefiel mir an Japan am meisten, wie *höflich* es dort zugeht. Man kann in einer großen Stadt herumlaufen und wird nicht angeschnorrt, belästigt oder zusammengeschlagen. Man kann an einen öffentlichen Ort gehen und muß nicht irgendeinem ekstatischen Heini zuhören, der gräßliche Musik aus einem tragbaren Stereogerät spielt, das so groß ist wie ein Kühlschrank und mit Atomenergie betrieben wird und Geräuschwellen hervorbringt, mit denen Metall verbogen werden kann. Es werden nicht jede Mauer und jeder Zaun in der Stadt von mit Spraydosen bewaffneten Idioten verunstaltet; es gibt keine zertrümmerten Verkaufsautomaten und zerschmetterten Telefonzellen und bepinkelten U-Bahn-Züge.

Die Menschen respektieren sich gegenseitig und den Besitz anderer. Das ist sehr angenehm.

Und über die Bedienung komme ich einfach nicht weg. Wenn man in ein Geschäft, ein Hotel oder ein Restaurant geht, verhalten sich die Angestellten so, als sei man tatsächlich willkommen. In Kyoto beobachtete ich eines Nachmittags, wie ein Auto an einer Tankstelle hielt; sofort machten sich *vier* Männer an die Arbeit, füllten den Tank auf, prüften den Ölstand, putzten die Windschutzscheibe, leerten die Aschenbecher und nahmen dem Fahrer eine leere Dose Coke ab. Ich blieb stehen und beobachtete, wie ein Auto nach dem anderen an der Tankstelle hielt; sie wurden alle gleich bedient. Normale Kunden an einer normalen Tankstelle.

Ich will nicht sagen, daß so ein Service in den Vereinigten Staaten überhaupt nicht existiert. Ich bin sicher, daß zum Beispiel der Präsident oder Cher laufend so behandelt werden. Aber der große Rest von uns, zumindest wenn wir in städtischen Gebieten wohnen, muß enorm schlechten Service ertragen. Und Unverschämtheiten. Und Feindseligkeit. Und willkürliche körperliche Gewalt gegen Fremde. Daran sind wir gewöhnt. Wir haben gelernt, uns selbst zu schützen, indem wir der Welt mit einer harten Scheißegal-Haltung begegnen, stets bereit, andere Menschen zu treten, bevor wir selbst getreten werden.

In Japan fragte ich mich, wie man sich wohl als Japaner fühlt in einer Gesellschaft, in der man automatisch davon ausgehen kann, daß einem ein bestimmter Grad an Respekt und Liebenswürdigkeit entgegengebracht wird, sogar von Fremden. Denn sie sind nicht wirklich fremd. Sie sind Mitglieder des Clubs.

Ein Nachteil ist natürlich, daß der Club eine Menge Regeln auferlegt, strikte Regeln. Eine Uniform zu tragen, zu tun, was gesagt wird, kein Außenseiter zu sein, kein Aufsehen zu erregen. Der Nagel, der hervorsteht, wird glattgehämmert — das lernen japanische Kinder. Andersein ist schlecht.

Das ist eine gute Philosophie, wenn man fehlerfreie Autos hervorzaubern will, aber nicht mehr so gut, wenn man in einer vielfältigen, dynamischen Kultur leben möchte. Ich hatte das Gefühl, daß die Japaner gelangweilt sind von ihrer ritualisierten, traditionellen, superrestriktiven Kultur; deshalb nehmen sie bereitwillig Filme, Fernsehshows und Musik aus dem Westen auf. Wir Amerikaner leben in einer anstrengenden, chaotischen und aufreibenden Gesellschaft, aber es wird nie langweilig. In einigen technologischen Bereichen mögen die Japaner uns voraus sein, aber sie sind noch weit davon entfernt, jemanden wie zum Beispiel James Brown hervorzubringen.

Das heißt aber nicht, daß Japan nicht auch ein wenig angsterregend ist. Die Japaner sind harte Arbeiter und unbarmherzige Konkurrenten. Sie haben uns manchmal schlecht aussehen lassen, was wir nicht gewohnt sind. Aber ich denke, daß wir aus dem Konkurrenzkampf letztendlich etwas lernen, nämlich daß es nicht reicht, nur Amerikaner zu sein; wir müssen ebenfalls hart arbeiten. Amerikanische Autos sind schon *viel* besser als vor zehn Jahren. Glaubt tatsächlich jemand, daß Chevrolet, Ford und Chrysler so hart arbeiten würden, gäbe es nicht Toyota, Nissan und Subaru?

Japan ist nicht unser Feind. Der Gedanke ist rassistisch und dumm. Japan hat nichts zu tun mit unserem nationalen Horrorschuldenberg, der Zerstörung unserer Städte, der Verblödung an unseren Schulen oder unserem gegenseitigen Hassen und Fürchten. Wir brauchen keine Gefahr von außen, um dieses Land durcheinanderzubringen; das machen wir hervorragend selbst. Und wenn wir unsere Probleme wirklich lösen wollen, dann können wir wahrscheinlich noch ein bißchen von den Japanern lernen, Dinge wie Respekt und Verantwortung.

Und die Japaner könnten etwas heiterer werden.

Mit anderen Worten: Niemand ist perfekt.

DER AUTOR

»Der witzigste Mann Amerikas«, schreibt die *New York Times* in einem ihrer seltenen Ausbrüche guten Humors und stimmt darin mit der Pulitzer-Jury überein, die Dave Barry 1988 mit dem begehrten – besonders von Dave – Pulitzer-Preis für hervorragende Berichterstattung ausgezeichnet hat. (»Obwohl er sich«, so die *Newsweek*, »gern über die Aufgeblasenheit der *Times* ausläßt« und »er bei einem seiner Auftritte die Jury harsch kritisierte.«)

Er behauptet, die Pleasantville Highschool (in einen Vorort gleich hinter New York) und das Haverford College (gleich hinter Philadelphia) besucht und abgeschlossen zu haben (was über seinen Horizont hinausgeht). Danach startete er seine journalistische Karriere und verfehlte nur knapp die Watergate-Story, konzentrierte sich auf West Chester, öffentliche Abwasserprobleme und sammelte schon bald genug Energie, um sein Talent in der großen Welt anzubieten. Die *Miami Herald* machte das Rennen sowie die *Tribune Media Services*, die seine wöchentlichen Kolumnen in über vierhundert glücklosen, aber glücklichen Zeitungen veröffentlichen lassen.

Dave wohnte eine Zeitlang mit seiner Frau Beth und seinem Sohn Robby in der Nähe von Miami, bis ihm klar wurde, daß Miami nicht Philadelphia oder New York ist und er in die Stadt selbst zog.